回望丛书

仁者启功

徐可 著

黄山书社

启功先生

1993 年，作者向启功先生请教问题

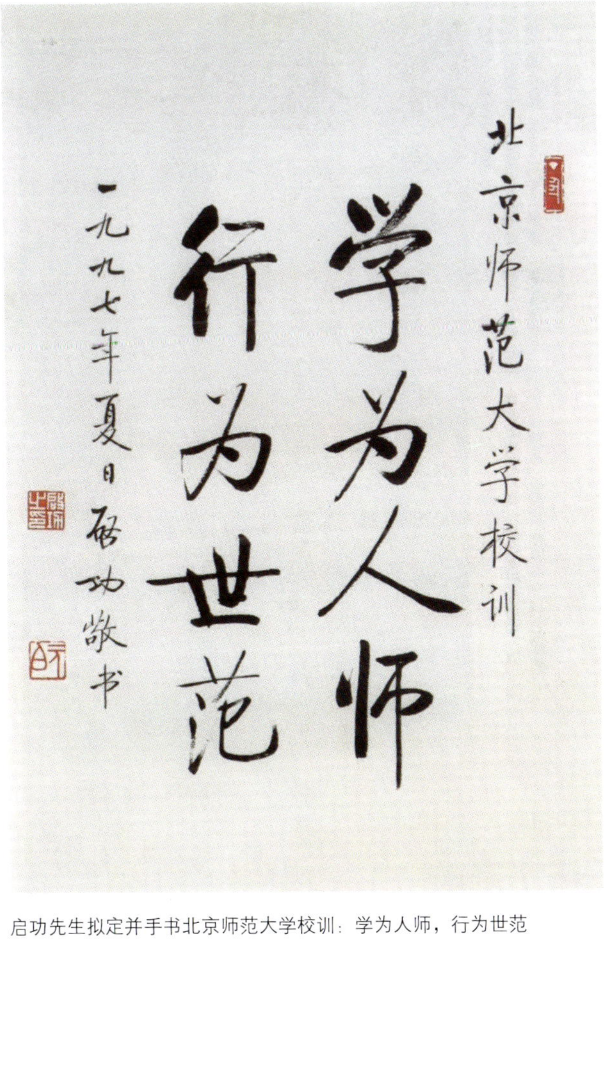

启功先生拟定并手书北京师范大学校训：学为人师，行为世范

1986 年，启功先生为第一届教师节创作的《苍松新篁图》

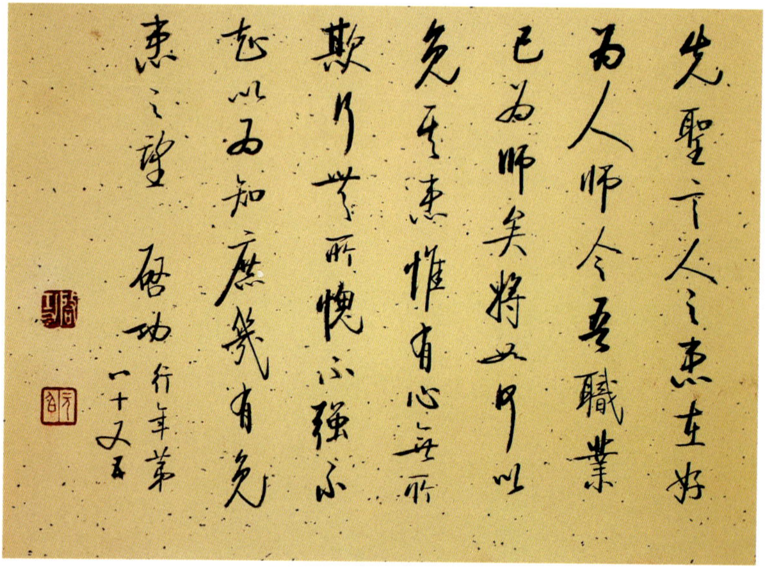

启功先生手书“人之患在好为人师”

启功先生作“两枝花”

启功先生为陈垣老师祝寿所作

启功先生作“白露横江”

自　序

著名学者启功先生，是一位“不世出”的文化大家。他博学多才，在书画创作、书画理论、诗词创作、诗词理论、文物鉴定、学术研究等诸多领域都卓有建树，成就斐然。他博师古人，自成体格，开创了中国书法的新境界，成为彪炳书史的书坛领袖；他的书学思想被学术界命名为“启功书法学”，成为泽被后人的权威理论。更重要的是，他是一位旷达乐观、淡泊名利的忠厚长者，坚韧弘毅、刚柔相济的聪慧智者，重情守诺、悲天悯人的博爱仁者。中国儒家的传统美德——仁、义、礼、智、信，他无不具备。无论是为人还是为学、为艺，都堪称楷模，深得世人爱戴和敬仰。凡是与启功先生有过接触或是对先生有所了解的人，无不为他渊博的学识、高超的艺术成就和高尚的人格魅力所折服。

20世纪80年代中叶，我考入北京师范大学中文系，有幸得识启功先生。当时先生虽然年事已高，但还带着研究生，有时会给全校学生举办讲座，也曾专门给我们讲授过书法课(他的两位学生，一位是我们的古典文学老师，一位是我们的书法老师)，所以我们不仅有幸经常一睹先生丰采，更幸福的是能够亲耳聆听先生(以及其他老先生，如钟敬文先生等)的教诲。这样的荣幸是我们的学弟学妹们所不曾有的，现在回想起来，仍然感觉很幸运。

也许上天对我格外眷顾吧，不知道是不是我与先生有特别的缘分，在大学毕业离开校园之后不久，我竟有幸与先生"重续前缘"，并受到先生信任和爱护，成为先生晚年的一位"忘年交"，追随先生十几年之久。最初是因为工作关系，后来完全演变成私人感情。从20世纪90年代初直到2005年6月30日先生去世，在将近15年的时间里，我经常去先生家，听先生谈天说地，欣赏先生的诗书画作品，充分感受到先生温润如玉的人格魅力。这种交往不是泛泛之交，而是掏心窝子的深入交流。先生视我为憨厚老实的晚辈，我视先生为和蔼可亲的长辈。在我出生之前，我的爷爷就饿死于饥荒年代；我的奶奶也去世得早，几乎没有留下什么印象，记忆中只是小时候看到的她的黑白遗照，一身黑衣，一张模糊的严肃的脸。所以，我从来没有感受过爷爷奶奶的爱，当然也谈不上什么感情。而对先生，我内心是把他老人家视为亲人、视为爷爷的，也确实从他老人家身上感受到这种祖辈的关爱。先生终其一生，都感激陈垣先生的知遇之恩、再造之恩，感慨“信有师生同父子”“师生之情有逾父子”。我对启先生的感情，也是晚辈对祖父的那种感情。所以，我常套用先生的话，自述“情逾祖孙”。这样深厚的感情，恐怕外人是难以理解或相信的。先生逝世已经 15 年了，而我对先生的思念、爱戴与崇敬从未中断或减弱。

因此之故，在先生生前、身后，我写下了大量文章，这些作品当然不可能反映先生的全貌，更无法传达出先生博大精深的学问、高尚伟岸的人格于万一；我只能从我的视角去写先生，写我眼中的先生、我心中的先生、我理解的先生。文章无论长短，水平无论高下，所写内容是真实的——很多是我亲见亲闻的，有的是我的独家“秘闻”，也有一些是从先生著作或其他可靠渠道了解到的；写作态度是真诚的，我是“为情而造文”，绝非“为文而造情”；所抒感情是真挚的、深沉的、发自肺腑的，没有半点虚情假意。

全书分为四辑。前三辑按时间顺序排列。甲辑写于先生生前,主要是出于一名记者的敏感和晚辈的感情,为了介绍先生、宣传先生而写。乙辑写于先生去世后一段时间之内。遽失亲人的巨大悲痛,令我一口气写下好几篇怀念文章,最早的一篇写于先生逝世当天(2005 年 6 月 30 日),发表于先生逝世次日(2005 年 7 月 1 日),应该是先生逝世后写得最早、发表最快的一篇悼念文章。我深深沉浸在巨大的悲痛之中,很长时间都走不出来。这一时期的文章以怀念为主,特点是感情浓郁,直抒胸臆,毫不掩饰心中的悲痛和思念,几乎每个字都是蘸着泪水写下的。丙辑是先生逝世几年之后直到现在写的文章,这一时期文章的特点是感情内敛,相对平静、理性,不再单纯地只是抒发怀念之情,也不再简单地介绍我跟先生交往的往事,而是侧重介绍先生的生平事迹和人格魅力、艺术与学术成就,并尝试研究先生的思想和精神,实际上是自觉地承担起宣传与研究启功先生的任务。丁辑是一部中篇纪实文学,采用"条块写作法",以先生的治学成就和独特品质为线索,分专题对先生一生的经历、成就和高尚品格进行了系统深入的介绍。这部作品从先生在世时就开始动笔，但真正完成却是在先生逝世两年之后。近年来，随着研究启功的深入和研究成果的不断丰富，我又对这部作品进行了较大幅度的修订。从乙、丙、丁三辑文章可以看出，我已从“怀念启功”向“研究启功”“宣传启功”转变，我已经不满足于抒发对先生的爱戴与怀念之情，而是把对先生的深厚感情转化为研究先生的动力和行动。宣传启功事迹，研究启功成就，弘扬启功精神，已经成为我的文化自觉。我用这种方式来纪念先生。所以，在2016年6月23日，当一个由同人自发组织的非牟利性民间学术团体——启功研究会成立的时候，我在事先毫不知情的情况下，被“缺席审判”选举为研究会理事。

著名作家张胜友先生生前在评论我的作品时指出：“撰者之所以能够如此精准把握启功先生生平业绩和精神内涵，首先来自于他对先生的真切了解和深厚感情。作者曾就读于北师大，或直接受教于先生的耳提面命，或间接感悟于先生的高风亮节。此后更有幸追随先生十数载，不但对先生有全面而深入的了解，更与先生结下了深厚感情。以这样的身份来写启功，自然笔下始终带有温度，带着真情。这样的作品读来让人温暖，让人感动。这也正符合孟老夫子‘知人论世’的主张。阅读文学作品需要了解作者的思想、经历,写作人物传记更应如此,否则写出的人物就是冷冰冰的。”(张胜友:《带着温度与真情写启功》,《光明日报》2015年9月28日)张先生所言,可谓的论。我一向认为,真情实感是散文的灵魂与生命。如果没有真情实感,就不要下笔为文。我很反感虚情假意的无病呻吟。我写启功先生,都是真情的自然流露和汹涌勃发。如果没有这么真挚而深厚的感情,就没有这些文章,也就没有这本小书。

二〇二〇年五月十一日

北京芍药居

目　录

甲

乙

丙

甲

能與諸賢齊品目
不將世故係情懷
啟功

一拳之石取其坚　一勺之水取其净

——探访坚净翁启功先生①

房门启处，露出了老人和蔼如弥勒佛般的笑脸。着一身家常便装，灯笼裤松松垮垮地挂在腰上，老人将我们让进他的书房兼画室兼客厅——坚净居。十余平方米的小房间，进门左侧靠东墙是一排“顶天立地”的旧书柜，书柜里摆满了书和玩具；右侧靠西墙是一个旧的木制长沙发和两个小沙发；南窗下摆了一张旧的长形木桌，靠墙那半边堆着书报、纸张、笔墨之类，北半边铺着一块毡子，桌子两边相对放着两把木椅；北墙下是一张旧的红木桌子。剩下的空间就很有限了，大约也就是一米宽的一条狭

①1993年6月17日，启功先生约见笔者（时任《光明日报》记者），请我在报上代为发表声明。当天陪同的有：启功先生的助手、时任北京师范大学校长办公室主任侯刚先生，北京师范大学《师大周报》记者、后任北京师范大学出版社编辑傅占武先生。关于此次访问，侯刚、章景怀编著《启功年谱》和赵仁珪著《启功评传》中均有记载。

长过道。简陋，逼仄，朴素，陈旧——这，就是闻名中外的著名学者、书画大师启功先生的书房。

先生手书“坚净居”匾额

尽管门上贴有“病魔缠身，谢绝会客”的启事，据说一度还有好心人玩笑地贴上“熊猫国宝，重点保护”的字条，可启功先生家里常常是宾客盈门，高朋满座，应接不暇。没办法，谁让他名气那么大、为人却那么谦和呢？

难得今天这么清静，下午半天，除了我们，坚净居居然没有一个访客，让我们有时间从从容容地与老人交谈。如果不是老人特意安排的话（启功先生打电话约我来，说有事要与我谈），那么就是我们的运气太好了。听启功先生谈天说地、说古道今，真是一种愉悦的享受。他那幽默、机警的言谈中,闪烁着文化老人特有的睿智的光辉。平平淡淡的一句话,往往让人回味无穷。

启功先生的幽默与开朗是出了名的。不少人都知道,他是“皇亲国戚”——清朝雍正皇帝的后代。其实,他从小就是“苦出身”,承受了比同龄人更多的不幸遭遇;中学尚未毕业,他就不得不辍学寻找职业,以维持生计,奉养母亲和姑姑;后来又被打成右派和“准牛鬼蛇神”,历经坎坷和磨难。可他却保持着乐观、开朗的心境,从不计较个人得失。对待名利、荣辱、生死,他一直抱着谦逊、达观、诙谐的态度。询其“秘诀”,启功先生化用了一句童谣:“小孩子有句顺口溜:‘手心手背,狼心狗肺。’我是‘手心手背,没心没肺’。”

两年前,也是在这里,我曾冒昧地闯上门来,请启功先生为《光明日报》题字。记得当时,为了繁体简体、竖写横写,曾经有过小小的不愉快。当时心想:坏了,老先生一生气,会不会不写了?正在惴惴不安之际,两幅认认真真、清清爽爽的题字却寄到了案头,令我既感动又惭愧。

启功先生就是这样,既随和又认真的一个人。由那次的繁简之争,他谈起汉字规范化的问题。他告诉我,在宋人苏轼的书札中,就将“萬”字写成“万”;唐人也有将“塵”字写成“尘”的。这在今天当然是规范字了,可在当时就不规范了。当年毛泽东主席给清华大学题写校名，有人说繁体的“華”字不好认，主席说：嗨！多看看就认识了。真是至理名言！

不过，在给人家题字时，启功先生总是身体力行，带头写规范字。他说：“汉字规范化是国家法律规定的，法律规定的我就得执行。”

启功先生集书画家、诗人、文物鉴定家、古典文学家和教育家于一身，是当代少有的文化大家。可他在书法上的名气实在太大了，盖过了他在别的方面的成就，也给自己招来了数不清的麻烦。求字的人趋之若鹜，认识或不认识的、懂不懂书法的，都以能求得他的墨宝为荣。而菩萨心肠的启先生，差不多是每求必应。他身体不好，常常彻夜无眠。夜深人静之时，正是他最忙碌的时候。他备有一个厚厚的本子，封面写“书债”二字，里面记满了索书人的姓名。本子换了一本又一本，“债”却总是还不完。更有一些不知趣者不管老先生身体状况如何，仍软磨硬泡，甚至“立等取走”，真令老先生难以应付，十分烦恼。还是在 1977 年，启功先生就曾经写过一首诗，表达这种无可奈何的心情：

来书意千重，事事如放债。邮票尚索还，俨然高利贷。
左臂行将枯，左目近复坏。左颧又跌伤，真成极右派。
鄙况不多谈，已至阴阳界。西望八宝山，路短车尤快。

拙画久抛荒，拙书弥疥癞。如果有轮回，执笔他生再。[①]

从这首诗也可看出，启功先生“欠债”，已有相当的年头了。

最麻烦的，还是假冒伪劣字画的泛滥。据介绍，假冒的启功书法作品充斥于北京文物市场，有的地方还大量批发。有人劝他打官司，启功先生摇摇头，表现出他一贯的幽默与超脱：“屈死不告状。”他说：“有人假冒我的字，这是我的光荣，说明我的字还值得假冒。”有一年在深圳，当地的陪同人员告诉他，深圳博物馆收藏有他的一幅字，想请他看看是不是真迹。启功先生口出妙言：“不必看了。凡是写得好的，那必是假的无疑；只有写得差的，那才是真的。”他并且作出解释：“能假冒别人字画的，必定有大本事，而且要尽力模仿得比原件还真、还好，这才能以假乱真，蒙骗顾客。要不然，谁信呢？所以说，伪则伪矣，劣则不劣。”

不过，启功先生并非事事都如此随和。凡涉及原则问题，他是非常认真的。他约见记者，就是为了宣布一个严肃的决定。最近，启功先生发现，有人假借他的名义，在假冒的古字画上题字：真迹无疑。这件事令他震惊、气愤。“有人假冒我的字画，我

---

①启功：《友人索书并索画，催迫火急，赋此答之》，《启功韵语》，53页，北京：北京师范大学出版社，1996年6月版。《启功韵语》初版于1989年8月，因讹误太多，虽附有勘误表，恐有疏漏，故用此版本。

无所谓。可假冒前人的字画,还拉着我作假证明,这无异于在法庭上作伪证啊!这不是坑人吗?”老先生痛心疾首。为了使收藏者不再上当,启功先生郑重委托记者,宣布他的一个决定:从今以后,不再在个人收藏的古字画上题字!

此时的启功先生,表现出了他性格中的另一面:认真。在原则问题上,他绝不含糊。几十年来,他不亏操守,为人耿直,不媚上,不趋势,高尚的道德为人景仰。他有一方古砚,砚铭云:“一拳之石取其坚,一勺之水取其净。”他由这则砚铭而为书斋取名为“坚净居”,自号为“坚净翁”。石与水为自然造化,坚与净皆出于天性。“坚”与“净”,正是他性格和为人的真实写照。我想起他集古人诗句撰写的一副对联:“能与诸贤齐品目,不将世故系情怀。”可以说,这副对联正是对“坚”与“净”最好的解释。

(1993 年 6 月)

历史不能割断　传统岂容忽视

——启功先生答问录

启功，字元白，满族人，1912年7月26日生于北京，现为北京师范大学教授，博士研究生导师。兼任全国政协常委，国家文物鉴定委员会主任委员，中国书法家协会名誉主席，中央文史研究馆馆长等。他集诗、书、画和文物鉴赏于一身，在文献学、中国古代文学史、文字学、语言学、书法艺术、诗词创作等方面卓有成就，是享誉国内外的专家学者。著有《启功丛稿》《古代字体论稿》《诗文声律论稿》《汉语现象论丛》《启功韵语》《启功絮语》《启功赘语》《论书绝句》等。①

问：祝贺您出任中央文史研究馆馆长！首先能不能请您介

①此为文章发表时的简介，今仍存原貌。

绍一下,中央文史研究馆是一个什么样的机构?

答:中央文史研究馆是在毛主席倡导下,于1951年成立的。第一任馆长是符定一,是毛主席的老师,后来是章士钊、杨东莼、叶圣陶、萧乾。我是第六任馆长。中央文史研究馆是国务院领导下的具有统战性、荣誉性的文史研究机构,主要职责是团结和安排有文史专长、有名望的老年知识分子开展适当的文史研究活动。当年毛主席为馆员定的标准是“文、老、贫”,现在的宗旨是“敬老崇文”。前些年,文史馆号召馆员就自己所熟知的历史写点文章,后来出过一套《新编笔记丛书》。

问:多年来您一直致力于传统文化研究。您的《汉语现象论丛》《古代字体论稿》《诗文声律论稿》等著作都受到学术界的好评,成为相关领域的权威著作。几年前您曾经写过一篇《说八股》,为“八股文”平反;最近您又写出《读〈论语〉献疑》,提出不少新鲜见解,显示出您对传统文化的持续关注。可如今很多人对传统文化抱有一种不以为然的态度。

答:传统当然重要,历史不能割断。我们对小孩说吃饭,不用解释这是什么意思他就能明白,这就是传统。有这么一个现象大家可能都知道:海外的许多华人、华侨家庭,他们的孩子尽管在学校接受的是所在国的教育,可在家里还要坚持学华语。为什么?为的就是不让他忘记传统。可见传统有多么重要。研

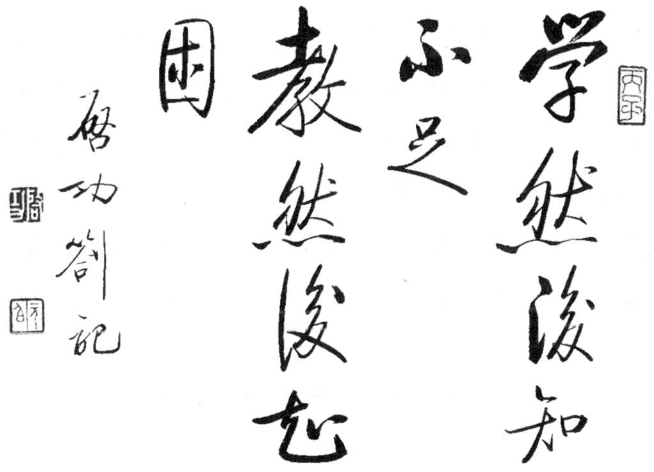

先生手书“学然后知不足”

究传统有什么意义？意义就在这里。

问：世人皆知您是书法大家，其实您在诗、书、画和古典文献、红学研究、文物鉴赏等诸方面都有很深的造诣。而您的最高学历仅仅是一个“中学生”，请问您是怎样取得这样大的成就的？

答：我那不叫学问，那是谋生的手段。我幼时上不起学，为了谋生，就什么都试试。东抓一把，西抓一把，在试的过程中就学会了一些东西。我们的教育长期以来有一个问题，就是人为分段，画地为牢。一个学科只能教一个学科的东西，一段只能教一段的东西。比如,中国古代文学就分成先秦、汉魏、唐宋、元明清四段,四段中又按朝代分为若干个小部分,学生只能选择其中的一段去钻研,教师只能讲自己的那一段,讲唐诗的就不能讲宋诗,讲宋词的就不能讲清词,否则就越界。实际上宋诗和唐诗之间是有着继承的关系的,不能割裂开来。并不是宋朝一建立,唐朝的诗人就跟着都殉国了。这样培养出来的学生知道的就是他学的那一点点东西,也就培养不出通才。这里实际上也有一个尊重传统的问题。

问:很多人的文章写得莫测高深,让人不堪卒读。可您的诗也好,学术文章也好,写得都很平易、直白、口语化,让我们这些门外汉也能明白个大概。像您前几年发表的《说八股》,以导游的解说来比喻"八股",用人们司空见惯的事情来解释一个很难说清楚的专有名词,让人一目了然。做学问固然不易,能把学问做得让普通人明白更是难乎其难。

答:文章写出来就是给人看的,给人看就要让人看得明白。如果文章写得谁都看不明白,那么学问再大又有什么用?也有的人本来就没有什么学问,却故弄玄虚,玩弄新名词、新术语,把文章写得佶屈聱牙,莫名所以,借以掩盖自己思想的苍白。

问:您对碑帖有精深的研究,是这门学问的开拓者之一。您曾经针对一些研究碑帖的人只重视书法而忽视文辞的现象,写过一首诗："买椟还珠事不同，拓碑多半为书工。滔滔骈散终何用，几见藏家诵一通。"[①]研究碑帖究竟有何用途？应该怎样研究碑帖呢？

答：碑帖是很重要的古代文献，其中内容非常丰富。碑文上记有古代的很多事，帖上有古人的信件往来，这为我们研究历史提供了很好的资料。另外，碑帖本身也是很好的书法作品，可以供我们欣赏。所以，研究碑帖，主要目的有二：一是研究其中的历史资料，以碑刻文辞证史补事，或校读文辞；二是鉴赏、研究其书法艺术。这二者都很重要。可是很多人往往只注重后者而忽略前者，只注重形式而忽视内容，等于是"买椟还珠"，所以我写了那首诗批评这种现象。

研究碑帖，是学习书法的一个重要手段，可是一定要防止机械地模仿。我还写过一句诗："学书别有观碑法，透过刀锋看笔锋。"[②]这是我几十年来学碑的心得体会。一定要透过碑刻的表面现象看出原迹的面目。我们都知道碑帖要经过书丹（或摹勒上石）、镌刻、传拓等多道工序，加之年代久远，风化剥蚀，距离原

---

①启功：《论书绝句一百首·四一》，《论书绝句》，84页，北京：生活·读书·新知三联书店，1990年6月版。

②启功：《论书绝句一百首·卅二》，《论书绝句》，66页，北京：生活·读书·新知三联书店，1990年6月版。

作面目越来越远。学习碑刻书法,要明白刀和毫是两种不同的工具,用刀雕刻的效果和用毛笔所写的效果当然不同。勉强用毛笔去模仿刀刃的效果,那能好得了吗?所以我另有一首诗:“少谈汉魏怕徒劳,简牍摩挲未几遭。岂独甘卑爱唐宋,半生师笔不师刀。”①这也是我的体会。

问:《红楼梦》研究近年来很热,也是问题不断,有人考证得走火入魔,竟“研究”出《红楼梦》中的“贾宝玉由嫦娥转世”,而那位“北静王”也下凡脱胎,“转世为蒋介石”了。还有人用什么“宇宙全息功”来研究《红楼梦》。有人惊呼:“红学”已成“红灾”。红楼研究是否进入了歧途?您在(20世纪)50年代就开始研究《红楼梦》,并且提出了很多过人的见解,为什么后来不再研究了呢?

答:《红楼梦》研究中的问题也是“古已有之”的,这些年更邪乎,这说那说,这些都不必理会。我认为对《红楼梦》不必神化。比如,大家都说“宝黛爱情”是一个伟大的悲剧,说贾母是阻挠宝黛自由恋爱的罪魁祸首,我就不以为然。这里有两个理由:其一,在宝玉婚姻问题上起决定作用的是宝玉的父母亲,即贾政

---

①启功:《论书绝句一百首·九七》,《论书绝句》,196页,北京:生活·读书·新知三联书店,1990年6月版。

和王夫人。贾母虽然在家里有绝对权威，但在这个问题上还是要尊重儿媳妇的意见的。其二，宝玉之所以不能跟黛玉结婚，其实是一个简单的常识问题：从前习惯“中表不婚”，尤其是姑姑、舅舅的子女不婚。如果姑姑的女儿嫁给舅舅的儿子，叫做“骨肉还家”，更是犯了大忌。黛玉是姑姑的女儿，宝玉是舅舅的儿子，如果黛玉嫁给宝玉就是“骨肉还家”。我们的古人还是很科学的，虽然可以表兄妹通婚，但绝不能“骨肉还家”，那样生出的孩子会有缺陷。这个常识农村老太太都懂。宝黛不能结合就是这么简单的常识问题，哪有什么“伟大的悲剧”？所以我说，对《红楼梦》绝对不要神化，用一颗平常心去研究就行了。

我在50年代为人民文学出版社出版的程乙本《红楼梦》作过注，这是中华人民共和国成立后出的第一部注释本。但我认为程甲本更符合曹雪芹的原意，所以我又向出版社推荐了程甲本，在这过程中写了一些文章，像《读〈红楼梦〉札记》啊，《〈红楼梦〉注释序》啊，等等，在红学界还算有点影响。但后来我很少再写红学的文章了，这里面有一些复杂的原因。一是1957年我母亲和姑姑先后去世，我没有任何积蓄，办后事的钱都是用《红楼梦》注释的稿费，所以一提起《红楼梦》我就联想起这段伤心的往事。二是我觉得后来的一些红学研究有点不靠谱，比如所谓的曹雪芹故居，打死我我也不相信。我认为与其费劲炒作这种没有意义的发现，还不如好好读读《红楼梦》呢。

问：您曾经集古人诗句撰成对联："能与诸贤齐品目，不将世故系情怀。"充分表达了您豁达开朗的个性。您一生历经坎坷，为什么能够不失赤子之心，仍然保持着乐观向上的心态？

答：小孩子们有句顺口溜："手心手背，狼心狗肺。"我是"手心手背，没心没肺"。人的一生主要是"过去"和"未来"，"现在"很短暂，已经过去的事，还想它做什么？要多想未来。我幼年丧父、中年丧母、老年又失去老伴，没有子女，但很舒服，什么牵挂也没有了！当右派不许我教书，我因祸得福，写了许多文章……幸亏有那么多曲折，让我受到了锻炼。我最反对温习烦恼，自找不痛快干什么！

（2000 年 10 月）

能与诸贤齐品目　不将世故系情怀

——谨以此文敬祝启功先生九秩大寿

2002年7月26日，是启功先生90岁生日。很久以来，我就在想，我该给先生送一份什么贺礼呢？启功先生淡泊寡欲，别人认为珍贵的东西很难入他老人家的法眼，况且我也送不起什么值钱的礼物；启功先生家向来是门庭若市，这一段时间估计门槛更要被贺客踩烂，我不想去凑那份热闹，更不想在老人最需要安静的时候再去增加他的烦恼。我还是写一篇小文章吧，写写我所认识的启功先生，写写我对先生的感激和景仰之情。尽管这是我很不情愿做的一件事情，因为要写好启功先生太难了，非我辈小子所能承担；同时，我也很不愿意张扬我和先生的关系，因为我从不想借名人来自抬身价。可是，“秀才人情纸半张”，我也只好勉力为之了。

我与启功先生交往十余年，对先生的道德文章深为敬佩。平时交往，虽然都是些点点滴滴的小事，但就在平常的待人接物、言谈举止间，显示出先生不凡的人品。我很少崇拜什么人，但对启功先生我是真正的崇拜。我的家人都知道我是一个彻头彻尾的“启功迷”。平时在家里，我常常捧着启先生送我的著作，一边读着，一边遥想着先生的风范。与先生交往的时间越长，我对先生的崇拜就越深。先生的学问固然令我佩服不已，先生的人品则尤其令我敬佩。

豁达大度的谦谦君子

如果按照广泛的定义，我应该算是启功先生的学生。因为启先生是北京师范大学中文系的教授，我是北京师范大学中文系的学生，而且在校期间还有幸听过他的课（以后的本科生就没有这种荣幸了）。不过我从来没敢这么说，也从来没敢这么想，我自认为是一名不合格的学生。

第一次正式与启先生打交道，是在我工作以后。那一次给我的印象，启先生是个脾气很大的人。1991 年，我所供职的《光明日报》要恢复《图书评论》专刊，我受命邀请一批名家题写刊名。我与李琦、李铎、沈鹏等先生接触，感觉他们都非常亲切、随和；偏偏是一团和气的启功先生让我碰了一个软钉子。

见到启功先生，我把来意简单地说了一下，启先生问我："是要横的还是竖的？"我张口就说："要不横的、竖的各来一幅吧，回去可以视版面情况选择。"话一出口，启先生似乎有点不悦了："那要不要斜的、圆的各给你写一个，简体、繁体再给你写一个？你光想着排字工人方便，就不替我这个七八十岁的老头子想想？"我一下子傻了，心想：这下完了，启先生生气了，字肯定不会写了。

没想到过了几天，竟然收到了启功先生寄来的题签，而且是两幅，一幅横的，一幅竖的："图书评论　启功题"。那一瞬间，我特别感动！

这就是启功先生，一位豁达大度的长者。其实，启先生是个最不爱生气的人，他是惯会跟人开玩笑的。那时候我对他不太了解，所以吓了一跳。后来接触多了，才知道他的为人是多么谦和、大度。有好几次我有意提起此事，有点检讨的意思，先生总说："是啊，我还跟你开玩笑：要不要斜的、圆的也各写一个？""我那是童言无忌，胡说八道，您可别往心里去啊。"后来，我还曾为报社请他题字，他二话不说，当场就写。

启功先生在诸多领域都卓有成就，可世人熟知的是他书法家的身份。慕名求字者趋之若鹜，认识的或不认识的、懂不懂书法的，都以能求得他的墨宝为荣。启功先生从来没有把自己当

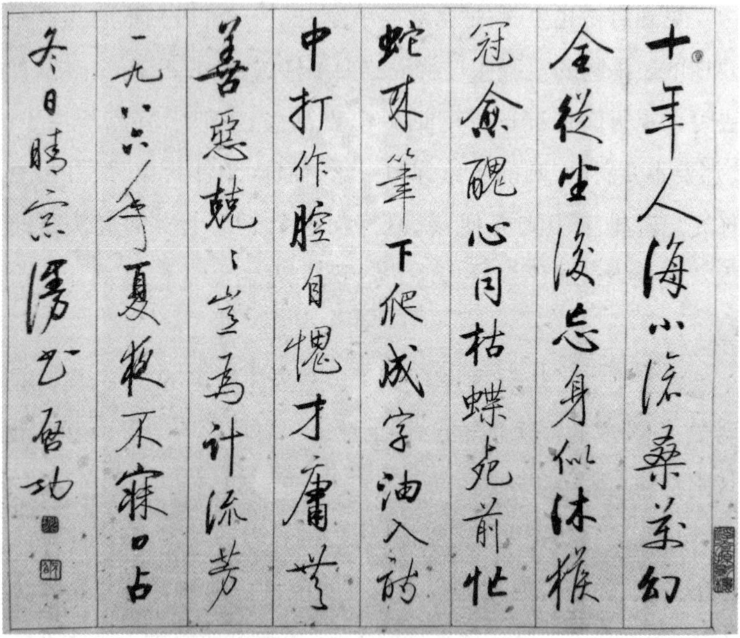

先生手书“十年人海小沧桑”

成这家那家，他常说“我只有一个家”，就是北师大小红楼那个家；他也从来没拿自己的字当回事。先生菩萨心肠，不论尊卑，凡有所请，几乎是有求必应。他身体不好，常常彻夜无眠。夜深人静之时，正是他忙着“刷字”的时候。他备有一个厚厚的本子，封面上写着“书债”二字。本子换了一本又一本，“债”却总是还不完。

随着启功先生书法声名日隆、“行情”日涨，假冒字画也日益泛滥。据说，在北京潘家园等地方，充斥着假冒的启功先生书法作品。有人劝他打官司，启先生的态度是：“屈死不告状。”启先生看得很明白：“那些人就盼着你跟他打官司呢，你越打官司，他的名气就越大。”他经常说：“人家仿我的字也不过是换点钱用，我干吗要打破人家的饭碗呢？”

有一次去启先生家，一见面他就说：“我要请您给我辟个谣。”我笑问：“您要让我辟什么谣言？”启先生说：“外面有人说，启功自称大熊猫。其实我从来没有。我哪敢把自己当作国宝呢？”接着他就跟我说起“大熊猫”这个典故的由来。有一个流传很广的传说，说是启功在门上贴着字条：“熊猫病了，请勿打扰。”启先生说：“这是别人贴的，不是我贴的。”我知道启先生是半开玩笑，回去后就写了《启功近闻二则》，其中一则就是《启功辟谣》，发表在《光明日报》上。没想到这类名人趣闻影响还挺大，很多媒体、网站纷纷转载。令人气愤的是，有的报纸直接盗用，并不注明是转载，还署着我的名字，好像我是一稿多投到处赚钱似的（顺便插一句：没有一家媒体给我寄过稿费或样报，也没有一家媒体跟我打过招呼）。过了几天，见到启先生，我很委屈地说起这件事情。启先生安慰我：“嗳，我的原则是：屈死不告状！那些人，你理他干什么？”短短几句话，让我一下释然了。与先生相比,我感到很惭愧。先生那么多的委屈都受了,我又何必为这些小事动气呢?

有一年春节前,我去给先生拜年,正好某部领导来看望启功先生,前呼后拥了一批记者,窄小的坚净居里挤满了人。我就退出来,在楼下等着。一会儿,领导告辞,启先生穿着一件毛衣出来送行。天很冷,领导走了,大家劝他赶紧进去,可一位记者还扛着摄像机对着他猛照。先生是一个讲究礼节的人,客人不走,他绝不回去,所以就一直在那位记者的摄像机前“展览”着。我一看,赶紧把他往回拉。他嘴里还在喃喃着:“客人还没走呢。”我说:“您要不走,他也不会走的。”这才将他劝回。

悲天悯人的忠厚长者

启功先生的幽默与开朗是出了名的。什么时候见他,什么时候他都是乐呵呵的。他常常说:“小孩子有句顺口溜:‘手心手背,狼心狗肺。’我是‘手心手背,没心没肺’。”不少人都知道他是“皇亲国戚”——清朝雍正皇帝的后代。其实,他打小儿就是苦出身,后来又历经坎坷和劫难,可他却保持着乐观、开朗的心境,从不计较个人得失。这些年来,他身体不好,疾病缠身,饱受折磨,非常痛苦,可他却能以幽默来化解病痛。他曾因心脏病多次住院,他就笑对人说:“嗨,我的心坏了坏了的!”有一次,先生心脏病突发,送入医院抢救,并下了病危通知单,众人都替他担心。可他醒来后,却在病床上吟起诗来:“填写诊单报病危,小车直向病房推。鼻腔氧气徐徐送,脉管糖浆滴滴垂。心测功能粘小饼,胃增消化灌稀糜。遥闻低语还阳了,游戏人间又一回。”①一个人对于生死能如此豁达,对于名位权势就不会放在心上了。

一天,为了一件什么事情,我对启先生说了声“谢谢”,先生答曰:“甭谢了!”说完大笑起来。见我不解,他讲了一个故事:“从前有一个人坐着马车去人家做客,到了,主人让把马车卸下来给马喂草料吃,客人说:‘甭卸(谢)了,套着喂就行了。’”说完,我们俩都哈哈大笑。启先生就是这样,一身的幽默细胞,一肚子的笑料,随便一句话就能逗得人乐不可支。

不过启先生并非真的没心没肺,他其实是心地最善良的一个人。他不计较个人的得失,以乐观的心态对待过去所受的磨难。但他的心里装着更多的人,关心着更多的人。

他思念他的亲人。有一次,他给我展示头天半夜新写的一首诗:“钞币倾来片片真。未亡人用不须焚。一家数米担忧惯,此日摊钱却厌频。酒酽花浓行已老,天高地厚报无门。吟成七

---

①启功:《心脏病突发,送入医院抢救,榻上口占长句》,《启功絮语》,32—33页,北京:北京师范大学出版社,1994年3月版。

字谁相和，付与寒空雁一群。”诗末有注：“中宵不寐，倾箧数钱，凄然有作。”①启先生很有感情地读了一遍，说，凌晨两点，睡不着觉，起来写了这首诗。他动情地说：我最亲爱的人，我的母亲、姑姑、老师、老伴，他们活着的时候，我没有钱让他们过好日子。现在他们都死了，只留下我一个人，也八十多岁了，要这么多钱有什么用呢？言语间，神情凄凉。

启先生曾多次给我讲起过他的亲人，我能体会到他对他们的思念之情。他说他常整宿整宿地睡不着觉，睡不着觉就想起他的亲人们。这种思念之情在他的许多诗作中都有充分体现。像著名的《痛心篇二十首》《赌赢歌》，都是为追悼亡妻而作，可谓字字皆血，读之催人泪下。

他关心他身边的人。每次见面，他都要问起我最近的情况。每当我取得一点成绩或是有了一点进步，他都非常高兴。有一次，我把刚写完的一篇专访文章送他审改，他当场就看了起来，一边看还一边拍着大腿夸：“写得真好哇，真好哇！”先生读了一遍，夸了一遍，看到有的地方情不自禁地哈哈大笑，然后又仔细地读了一遍，并用铅笔认真地改起来，连一些标点符号都改了。

---

①启功：《中宵不寐，倾箧数钱，凄然有作》，又题《夜中不寐，倾箧数钱有作》，《启功赘语》，5页，北京：北京师范大学出版社，1999年7月版。

当我为自己的字写得太差而不安时，他放下笔，认真地说："文章写得好的人，很少有字写得好的，因为他得顺着思路写下去，没有时间琢磨字写得好不好。"其实，对自己的文章和字，我是有自知之明的。先生这些话是对一个后生的鼓励，如果因此而飘飘然起来，那就辜负了先生的一片苦心了。还有一次，他送我一册香港印行的函装《启功学书旧课宋本千字文》。晚上回家我认真地欣赏了一遍，看到只印行了一千册，作为馈赠之用，印装精美，非常珍贵，觉得受之有愧，第二天就要还给他。先生坚决不允，当即签上我的名字，并且当场打开，为我从头到尾朗读并讲解了一遍。哪些字原为什么字，为了避谁的讳而改成现在的字，他都不假思索，娓娓道来，听得我目瞪口呆。先生每有新著，都要送我一本，当然是希望我学习和进步之用。可惜这么多年来我没有丝毫长进，真是愧对先生了。

他对我的家人也非常关心，对我的小孩表现出特别的喜爱。当听说我有了孩子之后，他高兴得抚掌大笑："哈哈，当爸爸了！"每次见面或是通电话，他都要详细地询问小孩的情形，让我讲小孩的趣事给他听，并一再叮嘱对小孩不能马虎，要仔细。他还多次让我带小孩去他家玩，我怕小孩顽皮吵着他老人家，一直没敢带去，他就让我拿了小孩的照片给他看。他拿着放大镜，一边看，一边乐："哈哈，真好玩，真好玩！"孩子长到四岁半了，虽然没有见过启先生的面，但是知道有一位“启太爷爷”一直在关心着他。

启先生还惦记着更多的人。每次见面，他都关切地询问社会现状。虽然足不出户，但他对很多社会现象却非常了解。谈起下岗工人、农民负担，他都非常焦急。为了帮助贫困学子完成学业，他曾捐出书法作品100件、绘画作品10件，用售卖所得设立“励耘奖学助学基金”。

刚正不阿的正直之士

启功先生为人随和，但又是极认真的一个人，绝不随声附和。他常常在谈笑间针砭时弊，臧否人物，表现出很强的是非观。他的书法作品是很多人所渴望拥有的。感情相投的人，他欣然相赠，不取分文；话不投机的人，则千金难求。曾经有商人向启先生求字，说要制成匾挂在几十层的楼上。启先生问：这是干什么？对方说是给一个酒家写的。启先生问：酒家有没有经济效益？答曰有。启先生说：你们有经济效益，我要不要经济效益？来人问他要多少钱，并拿出一沓钱给他。启先生说：你没有诚意。你如果有诚意，不等我问，就应该主动提出报酬的事。哪怕是两毛钱，那也是你的诚意。等我问你了，再多的钱也不是你的诚意。今天就教你什么叫诚意。其实，启先生写字，从不为自己谋取利益,所得的报酬大多捐给了“励耘奖学助学基金”。他之所以跟商人较真,诚如他所言,是为了教育那人“什么叫诚意”。

启先生是著名的文物鉴定专家,常常有人拿着收藏的古代字画请他鉴别真伪,他说:“我只对国家文物鉴定委员会负责。”对个人的藏品他概不表态,因为古代流传下来的书画作品有的不是“真”或“伪”就可以概括的。但是如果有人违反国家政策,危害国家利益,他也决不沉默、放纵。为此,早在1993年,他就郑重作出决定:从今以后,不再在个人收藏的古字画上题字,以防止一些不法之徒假冒他的名义欺诈别人。先生平常给人的印象是个“好好先生”,但在原则问题上,启先生却很有主见,从不人云亦云。他心地纯净,为人耿直,正如他所喜爱的一则砚铭:“一拳之石取其坚,一勺之水取其净。”“坚”与“净”是他性格的鲜明特征。

启功先生的道德文章,当然不是这么一篇小文所能尽述的。作为一个受到先生关爱的后生小子,我不知道该怎样表达对先生的感激之情,只能用那句最平实的话来表达我的心愿:先生,衷心祝您福如东海,寿比南山!

(2002年7月)

先生之风　山高水长

2003年12月20日至21日，“启功书法学国际研讨会”在北京师范大学隆重召开。这是近现代中国书坛第一次以书法家个人名字命名的书法学国际研讨会。海内外书法艺术界、文字学界、文物考古学界和国内部分高校的专家代表共300余人欢聚一堂，共同学习、研究和弘扬启功先生的书法学精神与思想，回顾启功先生的书法艺术成就，探讨启功先生对中国书法事业的巨大贡献。

启功先生是当今屈指可数的集古典文学研究、古代书画碑帖鉴定和诗、书、画创作于一身的宗师。他以古典文学研究泽被后学，以古书画碑帖鉴定名重当代，以书法艺术成就声播五洲，成为当今彪炳书史的书界领袖。本次研讨会收到来自海内外代表的42篇学术论文，就启功先生的书学理论、书法教育、碑帖鉴定、作品考证、书法艺术成就以及对中国书法事业的贡献等进行了深入的研讨,论及了启功先生的为人、为学及为师等诸多方面。

卓越成就独步天下

代表们在发言和论文中对启功先生的学术和艺术成就给予极高的评价。北京师范大学艺术与传媒学院院长黄会林教授说:“众所周知,启功先生是一位近现代史上罕见的成就卓越的艺术大家。仅就书法学领域而言,他的研究涉猎书法理论的方方面面,并且有自己独到的见解,建树颇多。简而言之,启功先生在书法学上至少有以下三个方面的突出贡献:首先,解决了中国书法史上大量悬而未决的问题;第二,清理了历代书法理论中一些似是而非的观念,破除了人们对于许多陈说的迷信;第三,明清以来,由于各种各样的原因,书法艺术究竟走向何方令人迷惘、困惑,启功先生则以自己的理论和实践解决了如何继承并创新的问题,为中国书法艺术的发展指明了正确的方向。可以毫不夸张地讲,启功先生在书法实践以及书法理论研究方面都达到了常人莫及的高度。”

北京师范大学副校长董奇教授表示:“启功先生的书法艺术及书法理论博大精深,取得了巨大的成就和广泛而深远的影响,是学者和书法家相结合的典范;他的书法作品流传海内外,他的书体遒劲流美，刚柔相济，形成当代最受欢迎的书体之一——启功体。启功先生是国宝，他的学术和思想不仅是我们北师大的骄傲和自豪，更是我们国家的财富和宝藏。北京师范大学，不仅要有大师，不仅要由大师去培育一代又一代的新人，更要研究大师的精神、大师的品格、大师的行为。”

著名书法家尉天池先生认为，启功先生不同时期、不同书体的书法作品，尽管功用不一，风致多样，皆以清雅、醇和、明净、爽利、俊健为基本特色。我们拜读启功先生的书法，之所以有清气洋溢之感，正是“清”的内质及外象的魅力使然。其楷书融入行书的艺术特色，从而增益了气息的灵动与意象的活脱；其行书包括行草书，用笔流丽清和、映带灵动、穿插精巧；其草书用笔简约，笔意丰实，结体风骨秀爽，通篇风韵儒雅。尉先生感慨道：“我们尊启功先生为书坛泰斗，是基于他独树一帜的书法、鞭辟入里的书学、渊博的学问和高尚的人格对我们有着启示的意义和影响的力量，而不是其他。”

书学理论泽被后人

多年来，启功先生对书法理论进行了深入的研究，撰写并出版了《古代字体论稿》《书法概论》《论书绝句》《启功论书札记》等多部专著，以及大量的论文、题跋，对书法创作进行了全面的

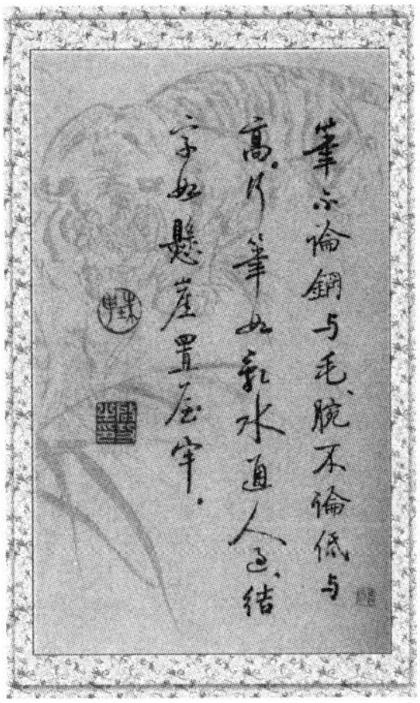

先生手书“论书札记”一则
“笔不论钢与毛”

论述，建立起一套完整的书学思想体系。代表们认为，启功书学思想至少具有以下特点：第一，启功先生的书学思想是他综合学养的体现。启功先生学术造诣博大精深，因此考据起来，旁征博引，左右逢源，使许多纠缠不清和聚讼纷纭的问题迎刃而解。第二，启功先生的书学思想充满了辩证唯物主义。启功先生关于书法方面的论述，总是以实物资料为根据，从不妄加猜测，主观臆断，因此所论总是令人信服。第三，启功先生的书学思想具有很强的实践性。以往的很多书法论述，几乎成了一种玄学，越学越摸不着头脑。启功先生首先突破赵孟頫在《兰亭十三跋》中提出的“书法以用笔为上，而结字亦须用功。盖结字因时相传，用笔千古不易”的命题，大胆提出“用笔何如结字难，纵横聚散最相关”[①]的结论，并通过精确测量提出书法创作的“黄金律”，将书学理论与实践紧密结合

①启功：《论书绝句一百首·九九》，《论书绝句》，200页，北京：生活·读书·新知三联书店，1997年12月版。

起来。

代表们一致认为,确立“启功书法学”这一概念,不仅是当代书法界的一件大事,也将是中国书法史上的一件大事。中国书法家协会副主席张飙说:“启功先生是当代中国书法艺术的带头人,他的书法创作理念和书法理论,影响着一代人。今天,我们正式确立‘启功书法学’这一概念,这表明,启功先生对书法的理解和阐述,已经正式成为一种学说,这是我们久已盼望的事情。可以预见,‘启功书法学’的建立和发展,必将推动我国书法艺术的发展,对今后的书法创作产生重大的影响。”文物出版社社长苏士澍认为:“‘启功书法学’是近年来学术界日益注目的一个课题,这五个字,不仅综括了他精湛的书艺,而且联系着他的学问、品格、人生价值观、性格,乃至他所做的一切。这五个字是他用90多年的心血孕育而成的,是中国文化宝库中又一颗灿烂的明珠。”

高尚人品感天动地

代表们在发言中不约而同地谈到了启功先生高尚的人品。苏士澍认为,这也是启功书法学中一个相当重要的组成部分。启功先生不仅是书法家,而且是画家、诗人和学者。可是他经常自谦地说,他是一名普通的教师,这正是他闪光精神境界的真实写照。他从来没有把自己置身于高阁,而是时刻与普通人为伍,关心和培育着每一个渴求知识的人。大家在讨论中都提到一件件和他相处的小事,这些事启功先生可能早就忘记了,但是大家还记得清清楚楚,而且说起来更是激动不已,用一位代表的话说,这就是人格化力量的凝集和体现。著名书法家、首都师范大学书法文化研究所名誉所长欧阳中石教授更是赋诗一首,表达了对启功先生的由衷敬意:

一代宗师积蕴深,苍松翠盖树千寻。

鹅湖设教春风暖,句句甘霖字字箴。

癸未秋敬为启功夫子颂

学生中石拜①

20日上午,为了表达对与会者的尊重与感谢,启功先生不顾年迈体弱、天气寒冷,坚持坐着轮椅全程出席会议。面对大家的赞词,92岁高龄的启功先生表现出一贯的谦逊。他不顾旁人的劝阻,执意从轮椅上站起来,双手扶着桌面支撑着身体,颤颤巍

①《欧阳中石先生为启功书法学国际研讨会题诗》,载启功书法学国际研讨会筹委会编:《启功书法学国际研讨会论文集》,北京:文物出版社,2003年12月版。

巍地站立着致答词，以此表达对各位领导、师长、同事和学生的敬意。在将近二十分钟的讲话里，他没有讲他自己的学术造诣，没有讲他自己的书法艺术成就，他只讲了一个话题——就是他的老师陈垣先生，他将自己学习写字的动力归之于辅仁大学老校长陈垣先生的鼓励。

启功先生回忆道，他二十多岁被自己的恩师、辅仁大学校长陈垣先生选中到辅仁大学教书。陈校长对他讲：你现在要教大学一年级的国文，每两个礼拜学生要用毛笔写一篇作文，你要在学生作文上批示，哪个字错了，哪句话不好，都要修改。陈校长特别强调，你要是写得不好，让学生写的字把你比下去，怎么能够对得起学员？启先生说，陈校长的这句话他听了十分震动，因此就尽力写字，至少要比学员写得好。启功先生给学生批改作文时，总拿自己写的字跟学生比，深怕自己写得不如学生们。这样努力了好几年，终于可以给学生做很好的批语了。

今天启功先生依然对这些情景历历在目。他说，我现在会写几个汉字，都是到辅仁大学教一年级国文时老师掰着手教的。老师对启功先生说，这就是教学相长，教员是教学生，学生是从老师那里学，互相都有刺激、都有提高。启功先生说，这句话他到现在都记得，并且一直在体会这句话的深刻内涵。启功先生谦虚地说，让我今天在这里向诸位同志、诸位前辈、诸位学长诉说我自己怎么学写字,我不配,这都是当年老师的教导和学员的鼓励。“相长”这两个字很重要。启功先生回忆说,前年有同学将他的批语裁下来,拍成照片,这让他大吃一惊,生怕哪个字错了,哪个字写得不好。后来勉强看,大概可以及格,总算可以跟同学卷面上的字不相上下,心里这才稍微踏实一点。

他接着诚恳地说:“我的书法离不开老师的教诲、学员的鼓励。今天在座的诸位,不管年龄大小,都是我的老师,希望给我剀切的教导。不管我现在写得有多么丑恶,但是希望还有进步的可能。诸位的教导使我能够再有一寸一分的进益,那我就感谢不尽了!”一席话赢得了全场热烈的掌声,久久不能平息。许多代表热泪盈眶,被先生的人品深深折服。

研讨会期间举办的“启功先生学术成果展”和“启功先生赠友人书画作品展”,让代表们一睹启功先生近五十年来在文学、文献学、诗词创作、书画鉴定、书画研究、书画创作等方面的斐然成就。这两个展览不但反映出先生在诸多学科中的精深造诣,而且证明一个真正的书画大家必须以渊博的知识为根基,以多方面的学术作为依托。

后一个展览更有耐人寻味的深意。在这些琳琅满目的作品后面,隐藏着许许多多不为人知的感人故事:展览名为“启功先生赠友人书画作品展”,其实,很多受赠对象,都是先生不认识或不熟悉的普通人,只是因为他们喜爱先生的字,或是急需先生的字去解决某些困难而提出要求,先生总是欣然答应,尽量满足他们的心愿。这个展览再次印证了先生人格的伟大。正是这种伟大的人格,使他赢得了无数人的尊敬。

(2003 年 12 月)

启功先生的坚与净

近日整理书架，又看到启功先生送我的几部著作。书上无一例外地签署着“指正、求教”的字样，让人看到了先生一贯的谦和。睹书思人，不禁想起：不见先生久矣，先生近来还安康么？

为了先生身体健康的缘故，我确已很久不敢惊动他老人家了，但先生的作品却是常常捧读的。捧读之际，一边遥想着先生的风范，忍不住要像先生那样，一手拍着大腿，一手竖起大拇指赞叹：嗳，写得真好哇，真好哇！我不禁微微而笑了。

启功先生是我所崇拜的一位长者，而且我从不讳言这种崇拜。“崇拜”这个词的分量很重，在我到了必须对自己的言行负责的年纪之后，我几乎没有用过它，但用在启功先生身上我却毫不犹豫。是因为他那卓尔不群、隽永洒脱的法书吗？还是因为他那无所不容、博大精深的学问？要我说，这些都是令人钦佩甚至尊敬的，但还不足以构成崇拜的理由。我之崇拜启功先生，完全是因为他特有的人格魅力:谦和慈祥、淡泊名利、虚怀若谷、包容无际。当我思念启功先生的时候,我首先想起的不是他的学问或法书,而恰恰是他的为人。在我的心目中,启功先生近乎完人。

启功先生有一方古砚,上有铭文曰:“一拳之石取其坚,一勺之水取其净。”启先生把自己小小的卧室兼书房命名为“坚净居”,自号为“坚净翁”。十几年前,当我第一次看到这则铭文时,我只是把它当作启先生的自勉之词;随着这些年来对启先生了解的加深,我才真切地体会到,“坚”“净”二字不正是先生一生为人的真实写照么?

先说“坚”吧。坚者,坚硬,坚固,坚定,坚决,坚韧。在人们的印象里,启功先生是一位非常幽默、随和、谦逊的老人,似乎柔的成分更多一些。这是一点都不错的,只要接触过先生的人,都会被他的平易近人、彬彬有礼所感动。不过在我看来,启先生性格中“刚”的成分也不少。先生平素为人谦和,待人热情,却从不随波逐流、随声附和。在原则问题上,他是一点也不含糊的。他要较起真来,谁也奈何不得。我就曾几次亲见过他较真的情形。比如,他对有人假冒他的书法表现得很超然,一笑了之;然而当他发现有人冒用他的名字进行古书画鉴定,并在赝品上以他的名义题字落款时,先生却非常气愤。他特地将我召去,让我在报上为其发表声明:从今以后,启功不再为任何个人鉴定字画真伪,不再为任何个人收藏的古字画题签。他严肃地说:“我对这种行为必须讲话,这与造我的假字不同,这是以我的名义欺诈别人,对这种犯罪行为,我要保留追究刑事责任的权利。”声明发表后,启先生的许多朋友都不相信他能做到,因为他们知道启先生为人随和,好说话,轻易不会驳人家的面子。可是先生真的是说到做到了,在文物鉴定界留下一则佳话。此事过去已有十年,我至今还能回想起当时启功先生严肃而又焦急的神情。

启功先生的法书名满天下,求字的人趋之若鹜。菩萨心肠的启先生很少拒绝别人,几乎有求必应。不过碰上话不投机的,即使对方许以重金,启先生也不肯假以辞色。曾经有商人请启先生题写匾额,为先生所拒。旁人怪启先生不给面子,启先生说:我对他还算客气的。这个人没有诚意,我今天就是要教教他什么叫诚意。有某人为了巴结上司而向启功先生求字,并拿上司来要挟先生,被先生赶出门外。其实,启先生写字,从不为自己谋取利益,所得的报酬大多捐给了“励耘奖学助学基金”。他之所以跟这些人较真,就是因为看不起他们的为人。

再说“净”。净者,清洁,纯净,不含杂质。据说有一本写启功先生的书,名叫《静谧的河流》。这个名字真好,形象地概括了先生的神韵。先生不是巍巍高山,耸立云端;也不是滔滔大海,

先生手书“立身苦被浮名累，涉世无如本色难”

汹涌澎湃;他就是一条静谧的河流——宁静平和、清澈见底。他心地纯净,不掺杂念,置生死于度外,视名利如鸿毛。前些年,他用卖字画的钱设立了一个“奖学助学基金”,却不用自己的名义,而是用他恩师陈垣先生的书斋名“励耘”来命名;他不计报酬为别人创作了很多书画作品,还多次捐资希望工程,赞助失学儿童,而他本人始终过着粗茶淡饭、布衣土鞋的简朴生活。

先生的一生颇具传奇色彩,很多人都想见他一面,有的人在见面之后(有的甚至根本就没有见过面)还要写出一两篇文章发表出来,其中一些文章有不少失实之处。对此,启功先生一贯相当达观,毫不在意,“开门撒手逐风飞,由人顶礼由人骂。”①但是对于为他写作传记一事,他却一直坚决反对。他曾自述:“自愧才庸无善恶,兢兢岂为计流芳。”②他不图虚名,对于人们奉赠给他的这“家”那“家”,他一概不承认,只认定自己是一名教师。他自己自然是不肯写了,用他的话说就是“温习烦恼干什么”;那让别人写呢?他又不同意。我曾经几次撺掇过此事,有一次又提起这个话题,启先生急了:“我肚子里的那点东西,都是东抓一

①启功:《踏莎行三首》(之三),《启功韵语》,28页,北京:北京师范大学出版社,1996年6月版。

②启功:《失眠三首》(之二),《启功韵语》,97页,北京:北京师范大学出版社,1996年6月版。

把西抓一把抓来的，别人掏不出来，他怎么写呀？”他还举了一个女作者的例子来说服我。听了先生的一席话，我体会到先生绝不是自谦，他是非常认真地对待这件事的。从此以后，我再也不提这个话题了，至今我没有听说过有谁在写启功先生传记。有一段时间，人们传说启功先生自称“大熊猫”，说他因为身体欠安，闭门养病，奈何访客不断，不胜其烦，就写了一张字条贴在门上：“大熊猫病了，谢绝参观！”这笑话传得久了，很多人都信以为真，害得启先生郑重其事地请我为他“辟谣”：“外面有人说，启功自称大熊猫，那都是别人误传。”“其实我写的是：‘启功冬眠，谢绝参观。敲门推户，罚一元钱。’”启先生虽然是半开玩笑，也可看出他的认真和谦虚。

提起先生的身世，很多人都知道，他是皇族后裔，他的祖先是雍正的儿子、乾隆的弟弟，他的全名为爱新觉罗·启功。但他从不以这样显赫的家族自矜，在所有的书画、著作、文章和书信中，从未用过“爱新觉罗”这个姓。有一次，他的族人想以爱新觉罗家族的名义开一个书画展，邀请启功先生参加。启功先生对这样的名义不感兴趣，就写了两首诗，委婉谢绝：

闻道乌衣燕，新雏话旧家。谁知王逸少，曾不署琅琊。

半臂残袍袖，何堪共作场。不须呼鲍老，久已自郎当。①

虽然知道这两首诗肯定会得罪人，但他还是以这种方式表达了他的真实想法。当一些人千方百计要往显赫家族上攀，试图沾点“贵族气”的时候，身为皇族后裔的启功先生却对以姓氏为荣的现象不以为然，完全把自己当成一个普通人、平常人，真是至真、至纯、至净！

我特别喜欢启功先生写的一副对联：“能与诸贤齐品目，不将世故系情怀。”我以为，这是对“坚”“净”二字最好的注解。启功先生刚正不阿，不亏操守，高尚的品德为人称颂；他胸襟旷达，淡泊名利，从不计较个人得失。用“坚”“净”二字来概括他的性格、操守、志趣乃至整个精神世界，真是太恰当不过了。

（2004 年 1 月）

---

①启功：《族人作书画，犹以姓氏相矜，征书同展，拈此辞之，二首》，《启功韵语》，112 页，北京：北京师范大学出版社，1996 年 6 月版。

启功，一棵不老的青松

北京师范大学红楼六楼的“坚净居”，向来就少有清静的时候。这两年来，虽然“坚净翁”启功先生因体弱多病闭门谢客，而登门拜访者仍然不绝于道，逼窄的坚净居里常常是高朋满座。尽管如此，启功先生却在92岁高龄推出一系列专著：《启功口述历史》《启功讲学录》《启功韵语集（注释本）》《启功题画诗墨迹选》，以及由他题跋的《董其昌临天马赋》，着实令世人惊羡不已。

2004年9月14日上午，我登门探望启功先生。因为怕打扰先生，很长时间没有拜访坚净居了，这里的一切看上去还是那么亲切。先生虽然面容清癯，满头银发，但气色很好，精神矍铄，思维清晰敏捷，谈锋不减当年，幽默、风趣一如往昔。谈起7月26日为他祝寿而举办的“启功先生语言文字学研讨会”，先生的幽默劲儿又上来了：“当那些女孩子举着红烛给我唱祝寿歌的时候，我也在心里唱着祝词呢。你猜我唱的是什么？我唱的是：启功呀启功，你就像这红烛头儿……”说到这里，先生哈哈大笑，笑得眼睛眯成一条缝，真像一个老顽童。

虽然这些年身体不好，启功先生却以惊人的毅力与疾病抗争，他要抓紧点滴时间为读者、为学生、为后人做一点事，新近推出的五部专著就是明证。在这五部著作中，《启功口述历史》尤为珍贵。《启功口述历史》是一本类似自传性质的书，由于年龄和眼疾的影响，启功先生书写困难，他就口述录音，请他的学生赵仁珪、内侄章景怀整理而成。现为北师大文学院教授的赵仁珪先生告诉我，本来启功先生一直坚拒为他出版自传一类的书，一方面由于他的出身家族不好评价，难以措辞；另一方面也是因为他不愿意温习那些藏在心底的痛苦。但是随着时间的推移，在大家的呼吁下，启功先生终于勉为其难同意口述。赵仁珪透露，真正口述是 2004 年年初开始的，其中过程还是比较艰难，因为启功先生的社会活动太多，每天几乎都有人登门拜访，所以有时候专程为口述而去却不得不推迟。所幸启功先生的记忆力非常好，而且越是小时候的事记忆越深刻，甚至还能熟练背诵苏东坡一些“偏”而且长的词。据了解，启先生在口述历史的时候，时而对辛酸的往事长吁短叹，时而对趣事逸闻开怀大笑，讲述过程中一直充满激情，让人感动。如果精神状态好，他可以持续聊两三个小时。经过一段时间的紧张劳动，终于由赵仁珪、章景怀二人整理成书,并在先生 92 岁生日之前问世。赵仁珪表示,在这本口述历史中,他能够保证的就是所有内容都符合启功先生的原意,没有杜撰或者造假。

提起造假,假冒启功字画事件近年来频频出现。赵仁珪告诉我,启功先生对造假分成两种态度对待。对那种小打小闹、地摊式的模仿假货,启功先生差不多都能视而不见,甚至还幽自己一默说:“人家也是要吃饭的啊!”但是对那种拍卖公司刻意作假,还有一些书画鉴定冒用启功先生名字作假的,启功先生则完全不能容忍,感到非常气愤。“不过先生虽然气愤却也无可奈何,九旬高龄让他四处打假也非常不现实。”

学术界认为,《启功口述历史》有它特殊的意义:它不但反映出近百年来中国很多重大的历史事件,更反映出在时代的大变革中,一个没落的皇族子弟独特而艰辛的成长经历和一个独具潜质的青年逐渐成长成才的过程。启功先生的家族曾经见证了晚清很多重大的历史事件,他们的所见所闻,有的可以印证这些事件,有的甚至可以补充史书的缺载。启功先生青少年时代曾受教于当时一大批一流的学者和艺术家,如傅增湘、陈垣、溥心畬、溥雪斋、贾羲民、吴镜汀、戴姜福及齐白石等,这些交往本身就具有宝贵的近代艺术史、学术史的史料价值,而这些特殊的史料在一般的名人传记中是读不到的。启功先生告诉我,书中有关清朝皇室的那些事，都是他的长辈们亲历的，是真实可靠的。比如慈禧和光绪同日而死，这里面的“内幕”恐怕永远是历史的谜团，但启功先生的曾祖因职务关系所经历的一件事，足以证实在光绪死前，确实喝下一碗以慈禧名义赐给的“塌喇”[①]，这对揭开这个谜团提供了佐证。启功先生的记忆力真是好得惊人，在闲聊中，他不断地提到历史上的一些人和事，娓娓道来，如数家珍。

除了《启功口述历史》外，其他著作也都是难得的精品佳作。《启功讲学录》收录了启功先生最近二十多年来讲课、讲学的内容，十分丰富，既有宏观的总体概括，也有具体的分析释例。如在论学术思想时，启功先生从初民文化谈起，一直谈到汉学、宋学、清代的古文经学，充分体现了启功先生对中国学术思想的总体观照。启功先生最反对机械死板、分科分段的教育，而是提倡通识、通才教育。这本书很好地体现了他的教学风格，生动、有趣、充满智慧。

众所周知，启功先生是一个大杂家，书画创作、书画理论、书画鉴定、诗词创作、诗词理论、经学、小学、语言学、版本目录学无所不通、无所不晓，《启功韵语集（注释本）》《启功题画诗墨迹

---

①满语，“酸奶”的意思。

选》便集中展示了启功先生的诗词与书画创作功力。《启功韵语集(注释本)》收诗700多首,体现出启功先生诗词自成一派的创作风格——既保有传统诗词隽永凝练的韵味,又创造出富于时代气息的格调。

赵仁珪、章景怀告诉我,除了坚持著述外,启功先生还带着10名博士生,辅导他们进行学术研究,甚至对学生的作业一字一句地加以批改。而这一切,都是在难得的空闲中利用非常宝贵的时间进行的。老人的行动虽然不便,他的大脑却更加活跃,总在不停地思索。赵仁珪透露,他们正考虑协助启功先生把过去的著作全部整理出来。

过去,每当客人告辞时,为人谦和的启功先生总要亲自送到门外。现在,他只能坐在椅子上双手抱拳,颔首示意,目送客人离去。当我告别时,回望慈祥可亲的启功先生,不禁想起了清朝顾炎武的诗句:"苍龙日暮还行雨,老树春深更著花。"人们常用它形容老而弥坚的长者。可是我觉得,用这样的诗句来形容启功先生,仍是不够贴切。启功先生分明是一株不老的青松,任凭风吹雨打,依然苍翠碧绿,生机勃勃,傲然挺立在时间的长流中。

(2004年9月)

天地有大美而不言

——三读启功先生

启功，姓爱新觉罗，字元白，一字元伯，笔名长庆、少文等，1912年7月26日生于北京。文物鉴定家、书画家、诗人。北京师范大学教授、博士生导师。全国政协常委、中央文史研究馆馆长、国家文物鉴定委员会主任委员、中国书法家协会名誉主席、中国佛教协会顾问。

每次读启功先生，心中涌动的都是感动。

一读启功先生，读到的是艺术。

启功先生是一代书法大师，他的书法艺术达到了炉火纯青的境界，无论条幅、册页、屏联，都表现出优美的韵律和深远的意境。内紧外放的结体，遒劲俊雅的笔画，布局严谨的章法，体现出“启功体”书法的特有风格。启功先生书法博师古人，典雅挺秀，自成体格。面对他精美的书作，总似有一股朝霞之气扑面而来，令人神清气爽，尘杂俱灭。先生的字美而不俗、光彩独耀，在当代书坛独树一帜，成为彪炳书史的书坛领袖。

启功先生的书法家喻户晓，而他的绘画水平更高，只是被书名所掩反而令人忽略。启功先生学画早年师从贾羲民、吴镜汀，而后直追宋元名迹，其临仿倪云林、米元章作品立意高古，得其精髓。先生亦曾学画于溥心畲、溥雪斋，其画受溥雪斋影响尤深，然始终以文人画面目出现。先生早年多作山水，尤喜拟米元章、文衡山笔意，“秋山人在画中行”是其常用的题材。70岁后常作兰、竹，构图平中寓奇，以书法之笔入画，明净无尘，清劲秀润，充满书卷气。

启功先生的另一“绝活”是古典诗词创作和研究。他的旧体诗词造诣很深，被誉为当代古典诗坛的泰斗之一，近年有《启功韵语》《启功絮语》《启功赘语》《论书绝句》和专著《诗文声律论稿》等陆续出版。他的诗词，是在他治学、授业、评画之余，就生活中遇到的人物、事件、器物、风景随感而作，生活气息浓厚。正如他在《启功韵语·自序》中所说：这些诗是“许多岁月中偶然留下的部分语言的记录”，“一些心声、友声的痕迹”。他的书法作品，大多是书写自作的诗词，而他的绘画作品均有诗词佳句题识。诗、书、画、印浑然一体，堪称完璧。我爱先生的书画，也爱先生的诗词。如同他的书画作品一样，启功先生的诗词也是明净无尘，清劲秀润，读后令人神清气爽。观其画，赏其书，吟其诗，品其印，使人神舒意畅，回味无穷，真是一种难得的艺术享受。笔者抄录先生一组题画诗句与诸君共赏之：

白露横江晓月孤。篷窗断梦醒来初。
荷香十里清难写，昨夜沉吟记已无。[①]

风入淇园万竹新。自调青绿写来真。
干霄直节凭君倚，不必天寒翠袖人。[②]

瓶里孤花户外桐。绿阴扶梦醉颠翁。
日斜睡起浑无事，淡墨横吹纸上风。[③]

---

①启功：《题画白莲》，《启功絮语》，58 页，北京：北京师范大学出版社，1994 年 3 月版。

②启功：《自题画竹四首 · 春竹》，《启功絮语》，42 页，北京：北京师范大学出版社，1994 年 3 月版。

③启功：《睡起作画漫题》，《启功絮语》，74 页，北京：北京师范大学出版社，1994 年 3 月版。

既清新自然，又幽默风趣。宛若夏日的荷风，又似明净的秋水。是不是让你心灵的浊尘洗涤一清呢？

二读启功先生，读到的是学问。

启功先生是当代少有的通儒、文化大师，在诸多文化领域都卓有成就。以这样的身份从事书画创作，启功先生的作品里自然流露出浓浓的书卷气。这种书卷气是他深味儒家的中和、道家的自然、释家的妙悟的结果，也是他“读书破万卷”而潜移默化在书法作品中的精神因子。书法界评论他的书法作品：“不仅是书法之书，更是学者之书，诗人之书，它渊雅而具古韵，饶有书卷气息；它隽永而兼洒脱，使观者觉得余味无穷。因为这是从学问中来，从诗境中来的结果。”启功先生的画，同样是从学问修养中出来，高华冶逸，卓尔不群，这也是他多年从事画史研究以及书画鉴定的学问中陶冶出来的，包含着治学修养和人生经历。

不仅如此，启功先生的书画作品中还蕴含着很高的学术价值，因为其中有启先生毕生治学的精辟内容。比如《论书绝句》，以诗歌形式对历代书法进行评析，涉及数以百计的碑帖和书法著作，以及数以百计的书法家和书法理论家，学界认为它“既是一部书法史，又是一部书法研究史”。先生另有《论书札记》21则，每则短者仅二三十字，长者不足百字，却涉及结字、运笔、临帖、书体风格等关键问题，与《论书绝句》《论书随笔》一起被学

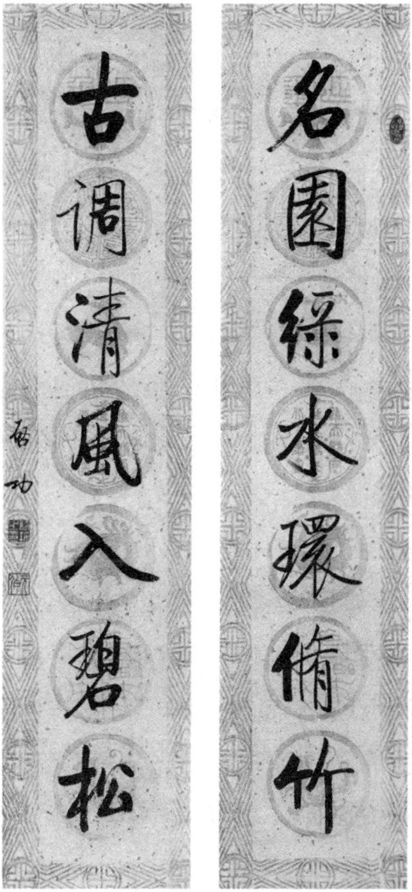

先生手书“名园绿水环修竹，古调清风入碧松”

界誉为书论经典。同时它们又是美到极致的书法艺术精品。启功先生的书法思想即“启功书法学”，极富创新精神，已成为书界公认的权威书法理论，成为学者研究的一门学问。从启功先生的书画作品中，我们还可以学到许多文史方面的渊博知识。可惜，人们所熟知的，是他的书法；进一层者，知道他还是个画家；再进一层者，知道他又是个诗人。针对此一现象，启功先生的至交钟敬文先生曾赋诗赞且叹曰：“诗思清深诗语隽，文衡史鉴总菁华。先生自拥千秋业，世论徒将墨法夸。”①和大多数人一样，我对他满肚子的学问所知甚少，只是喜欢看他的字、他的画、他的诗——“徒将墨法夸”。

三读启功先生，读到的是人品。

人们常说“书如其人”。启功先生的书法，正如他的人一样，端正、崇实、平易近人，又闪耀着机智和风趣。启先生襟怀旷达、谈笑风生，没有半点头巾气。可是作为一个有良知的读书人，在平时的诗词创作和书法创作中，启先生写出不少自勉勉人的好句，如“能与诸贤齐品目，不将世故系情怀”，如“自重则威，知止

①钟敬文：《祝元白教授85寿辰二首》（之一）。转引自侯刚：《启功（画传）》，199—200页，北京：文物出版社，2003年12月版。另，该诗流传的另一个版本为《致元白》：“诗思清深诗语隽，文衡史鉴尽菁华。先生自富千秋业，世论徒将墨法夸。”经与作者手迹对照，疑有误。

有定”,如“学为人师,行为世范”,如“流光可惜”。既使人欣赏到书法的“美”,又使人享受到内容的“真”和“善”,获得人格的修养。“真”“善”“美”三者有机结合,是启先生书画创作意义深长的特点之一。

谈到启功先生,人们的话题总是很快从他在各个方面的成就转到他的为人上去。启功先生有他独具的人格魅力:谦和慈祥、淡泊名利、虚怀若谷、包容无际。所以启先生的字总是那么清朗闲雅、风神俊秀,绝无虚张声势、矫揉造作之态。行文诙谐幽默,实话实说,然而,其言昭昭,其情切切,魂如日月,天地可鉴。66 岁,正是他风头正健的时候,他却挥笔为自己写下了一篇《墓志铭》:“中学生,副教授。博不精,专不透。名虽扬,实不够。高不成,低不就。瘫趋左,派曾右。面微圆,皮欠厚。妻已亡,并无后。丧犹新,病照旧。六十六,非不寿。八宝山,渐相凑。计平生,谥曰陋。身与名,一齐臭。”①为纪念他的恩师陈垣先生,1988 年 8 月,启功先生向北京师范大学捐出精心创作的书法作品 100 件、绘画作品 10 件,举行义展,筹集一笔资金,设立了以陈垣先生书斋名命名的“励耘奖学助学基金”,并应社会各界的

①启功:《自撰墓志铭》,《启功韵语》,53 页,北京:北京师范大学出版社,1996 年 6 月版。

需要，将所写100件书法作品的全部酬金，也捐给该项基金。学校曾建议这个奖学金以他的名字命名，他坚决不同意。他说："以先师励耘书屋的励耘二字命名，目的在于学习陈垣先生的爱国主义思想，继承和发扬陈垣先生辛勤耕耘、严谨治学的精神，奖掖和培养后学。"这一义举成为传诵一时的美谈。他还多次捐资希望工程，赞助失学儿童。启功先生没有留下自己的名字，却在人们的心中永远树起了一座无字的丰碑。启功先生在北京师范大学建校90周年时，亲自为师大拟定并题写了校训"学为人师，行为世范"，他以自己的学、行，为师生树立了典范。"学为人师，行为世范"这八个字，不仅是北师大的校训，也是中国师范教育的座右铭，启功先生用他70年的"学"和"行"向世人诠释着为人师的真谛。如今启先生已然92岁高龄了，其严于律己、谦逊待人的风格依然如故。

提起先生的为人，让我想起一件往事。记得是1993年的某月某日，启功先生专门把我叫去，告诉我一件事情：近来有人冒用他的名义，进行古书画鉴定，并在赝品上以先生的名义题字落款、混淆是非。对此，先生非常生气。他郑重委托我在报上为他发表声明：从今以后，启功不再在任何个人收藏的古书画上题字落款。先生说："我对这种行为必须讲话，这与造我的假字不同，这是以我的名义欺诈别人，对这种犯罪行为，我要保留追究刑事责任的权利。”十多年过去了，先生痛心疾首、严肃认真的神情历历如在眼前。

启功先生曾经集古句成联：“能与诸贤齐品目，不将世故系情怀。”他的砚台上刻有这样的铭文：“一拳之石取其坚，一勺之水取其净。”这对联、铭文，都是先生极其喜爱并经常书写的，可谓夫子自道。我也非常喜爱这几句话，曾经多次在有关先生的文章中引用。我总是愿意用这两句话来形容启功先生——他的艺术、他的学问、他的人品。我辈凡夫俗子，对先生高深的学问、对先生雅致的书画莫能置一词；但以愚钝如我的浅见，启功先生的书画艺术，概括起来不就是两个字吗——一曰坚、二曰净；或者一曰雅、二曰洁。庄子云：“天地有大美而不言。”又言：“畸人者，畸于人而侔于天。”启功先生不是“畸人”，他与常人没有什么两样；但他又确实“侔于天”，他的身上具有常人没有的那种品质。

敬读启功先生，心下一片澄明，万种尘念全无，如沐甘霖，如登仙界。

启功先生是一部大书，值得一辈子捧读。

（2004 年 10 月）

启功近闻二则

启功辟谣

最近，我去看望启功先生。进得“坚净居”，还没坐下呢，先生就迫不及待地、郑重其事地向我发布了一条“独家新闻”，希望我为他“辟谣”：“嗳，外面有人说，启功自称‘大熊猫’。我可从来没有自称过‘大熊猫’，也没有在门上贴过这样的条子，那都是别人误传！”

近年来，有一则广为人知的笑话，说的是启功先生因为身体欠安，访客不断，不胜其烦，就以其一贯的幽默写了一张字条贴在门上：“大熊猫病了，谢绝参观！”来客看了，会心一笑，转身就走，不再打扰他老人家。这笑话传得久了，很多人都信以为真，连启功先生的一些朋友、学生都将它言之凿凿地写进文章中。

启功先生说:“其实,我写的是这么四句话:启功冬眠,谢绝参观。敲门推户,罚一元钱。字条在门上只贴了一天,就被人揭走了,从此,来‘参观’的人更多了。”

那么,大熊猫一说又是从何而来呢?启功先生告诉我:20世纪50年代,故宫博物院院长吴仲超以高薪聘请著名文物鉴定专家徐邦达为研究员,定的标准是每月若干斤大米(大意如此,那时是实物制)。有人觉得定的标准太高了,吴院长说:你们别再往下降低标准了,这些人都是稀有生物,懂得古书画鉴定,博物院很需要这种人。当时,国家文物局文物处副处长张珩先生和启功先生都住在东城区黑芝麻胡同,两家相距不足200米,张珩经常过来跟他聊天。张珩跟启功先生开玩笑说:吴院长说老徐是稀有生物,那不成大熊猫了吗?后来启功先生病了,也确有好心人写过一张字条贴在他家门上:“大熊猫病了,谢绝参观。”人们以讹传讹,就传成启功先生自己写的了。“大熊猫是国宝,我还有自知之明,哪敢自称国宝呢?”启功先生说。

作者附志:启功先生因为访客不断,干不了正事,只好东躲西藏,到处“流浪”。著名漫画家丁聪先生得知他的窘情后,特地画了一幅漫画,题为《大熊猫病了》,赠给启功先生。

申请加入残联

启功先生还告诉我一件“喜事”:他终于找到组织——中国残疾人福利基金会了。

事情是这样的:前些时候,有人来找启功先生,请他出任中国残疾人福利基金会名誉理事职务。启功先生一听,抚掌而笑:好极了!我正想找你们呢。见来人不解,他又解释道:我现在眼睛看不见,耳朵听不见,身体零件也快坏了,整个一个残疾人,所以我坚决申请加入中国残联!来人听了,乐不可支。

过了几天,报上登出消息:中国残疾人福利基金会召开第十六次理事会议,增补启功先生等为名誉理事。在再次探访启功先生时,我向先生表示“祝贺”:“您终于如愿以偿了!”谁知启先生并不满足:“这只是残疾人福利基金会,我还想加入中国残疾人联合会呢!”

(1999 年 12 月)

乙

書藝大宗歸北海
文章無價聚東方
啟功

哭启功先生

2005年6月30日，北京，晴朗的一天。可是，一个电话却如一声惊雷在我头顶炸响：今天凌晨两点多钟，启功先生走了！我不敢相信，对先生的感情令我常有天真之念，以为以今天的科学水平总有回天之力。打电话到北师大，想得到一个否定的回答，偏偏得到的是肯定的答复。我马上又把电话打到先生家里，本想表达哀悼之意，但刚开口便泣不成声，倒是先生的内侄媳妇郑喆女士反过来把我安慰了一番。

这一天，我把自己关在办公室里，不住地流泪。先生病重住院后，我不断地打听先生的病情，却鼓不起勇气去看他。我怕控制不住自己的情绪，反而影响病人，也给先生家人增添烦恼。我总期盼着奇迹发生，盼望着7月26日——先生的生日早早到来。这几年，我有一个习惯：每当先生生日来临之际，都要写一篇文章，表达我对先生的景仰和感激之情，算是一份小小的贺礼。今年我早就在想，写点什么有趣的琐事，坐在先生的床前读给他听，好让病苦的他一展笑颜；没想到，在先生九三华诞即将到来之际，迎来的却是先生去世的噩耗，怎不令人肝肠寸断！

承先生不弃，把我视为一个可以谈点知心话的忘年之交。在他人生最后的十几年中，我有幸追随先生左右，随时出入先生门庭，知道了许多不为人知的故事，为先生高尚的人品所折服，从而成为他的地地道道的一个崇拜者。说实在的，在那之前，我对先生的认识和许多人一样，仅仅把他看作一名学者、一名书法家而已；尽管我就读北师大中文系期间，曾有机会观赏他的书画作品，曾有机会阅读他的鸿文论著，曾有机会聆听他的有关古典文学、书法创作的讲座，但那时，我对启功先生的认识是不足的。我对先生人格魅力的了解和理解，是在与他的一次次交往之后逐步加深的。从启功先生身上，我看到了什么是完美的人格，什么是中国知识分子的传统美德。

很多文物界人士都知道，十二年前，启功先生发表过一则声明：从今以后，启功不再为任何个人鉴定字画真伪，不再为任何个人收藏的古字画题签。声明发表后，很多人不明所以。作为这则声明的唯一见证者和发表者，我知道个中缘由：启功先生是文物鉴定大家，经常为有关部门和个人鉴定文物真伪。可是有一段时间，他发现有人冒用他的名字进行古书画鉴定，并在赝品上以他的名义题字落款:此系真迹无疑。启功先生愤怒了,他不能容忍这种欺诈行为。他严肃地说:“这是以我的名义欺诈别人,对这种犯罪行为,我要保留追究刑事责任的权利。”先生菩萨心肠,为人和善,有求必应,不求回报。对于造假者,他也以慈悲为怀,一笑了之,并不追究。但在原则问题上,他却绝不含糊。他的“坚净”由此可见一端。

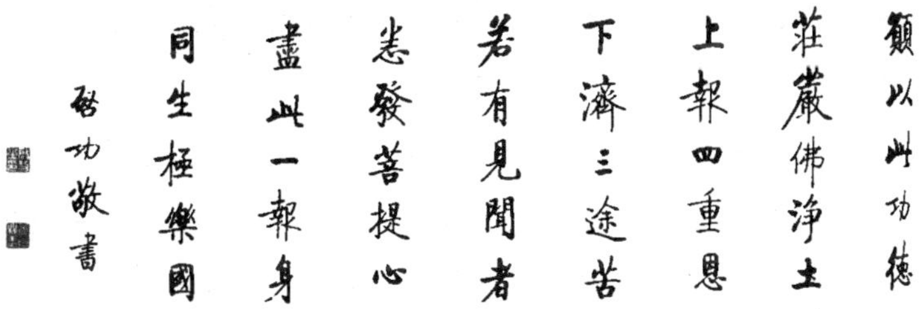

先生手书“愿以此功德”

启功先生幼年丧父,中年丧母,老来丧妻,还被莫名其妙打成过右派,一生坎坷,历尽磨难。改革开放以后,他的境遇才渐渐好起来。但即使在他声誉日隆、他的书画“行情”日益看涨的时候,他依然过着布衣土鞋、粗茶淡饭的生活。他的钱到哪儿去了呢?他给了那些需要钱的人了:他用自己一笔一画创作的书画作品举行义卖,筹集资金设立“励耘奖学助学基金”,用以资助贫困学生;当我国部分地区遭受特大洪涝灾害时,先生心急如焚，捐出多件作品参加赈灾义卖；他不知道悄悄帮助过多少人。他还把大量作品无偿贡献出来，供国家和有关部门对外交流之用。启功先生曾多次为《光明日报》题词，从不提条件。1997 年为庆祝香港回归，《光明日报》拟出书画专版，编辑请我向启功先生求字。我当即赶到先生家里，谈笑之间，“合浦珠还”四个大字一挥而就。当我看到一些书画家一边创作一边与人讨价还价的时候，当我看到一些艺术家忙着“走穴”的时候，我怎能不愈加钦佩启功先生的人品？

先生一生著述丰富。每有新著问世，他总要签名送我一本，以供学习提高。去年，他在九二高龄之际又以病残之躯推出五本专著，令世人为之瞩目，其中《启功口述历史》因首次披露大量珍贵史实尤为世人所称道。生日过后不久我去他家，他照例签名赠书。以往启功先生赠我的书上，多题“徐可同志”或“徐可先生”。这次落笔之下竟出现了“徐可老兄”字样，令我不安。当时大家都哈哈大笑，我的内心却有一丝酸楚，有一种不祥的感觉。如今，捧读先生著作，睹物思人，泪不自禁。自今而后，天人相隔，先生，我到哪儿去再聆听您的妙语和笑声呢？

（2005 年 6 月 30 日泣书）

永远的大师　永远的先生

——八宝山痛别启功先生

也许真的是天亦有情，当备受我们爱戴的人离世远去的时候，天公也会为之变色。2005年7月7日上午，当人们来到八宝山革命公墓，向当代著名教育家、文化大师、书画大师启功先生作最后的告别的时候，北京的天空一改往日的晴朗，漫天的阴云仿佛是在为即将远行的启功先生默哀致意。

2005年6月30日凌晨2时25分，敬爱的启功先生与世长辞，享年93岁。

连日来，悲痛的哭声回荡在北师大校内专设的灵堂内外。短短的七天，哪堪承载众多师生、众多后人浓重似海的哀悼之情！可是，即使人们万般不舍，向大师告别的日子还是如期到来了。

上午9时许，启功先生遗体告别仪式在八宝山革命公墓举行。灵堂内，启功先生的遗体安卧在鲜花丛中，面容瘦削，神态安详。他的遗像高高悬挂，照片中的先生，身穿深色西服，配蓝色领带，童颜鹤发，面带笑容望着各方来宾，依然是那样慈祥可亲。遗像上方挂着黑底白字的横幅："沉痛悼念启功先生"。

灵堂外，挂满了悼念启功先生的挽联，绵延数百米。

天殒耆宿
世殭大儒

诗文讲坛道德在兹
书画墨海艺术存焉

书坛巨擘楷模垂万世
学范宗师伟业铸千秋

芳嘉小乘红楼旧时月色
道德文章学术当代宗风

启迪以智大师大德流芳百世

功炳为辉深泽深恩遗范千秋

励耘奖学淡泊终身诚为世范
坚净名居琳琅满目是谓人师

学为人师行为世范先生真写照
文乃诗圣笔乃书神后辈永追思

做事诚平恒堪作人间典范芳德永志
行文简浅显实为旷世鸿儒风雅长吟

书称巨擘画称名家诗文迈古超三绝
学为人师行为世范桃李成荫树百年

评书画论诗文一代宗师承于古创于今永垂鸿业标青史
从辅仁到师大两朝元老学为师行为范不息青衿仰令仪

身为皇族子孙长于孤裔家庭受业大师门下执教名牌学府先生之生平行状可谓荣哉曲哉犹如传奇哉痛哉一夕归河汉

手执书坛牛耳名列画林巨擘口吟华采诗篇手挥宏肆文章先生于学艺研修可谓博矣精矣不可复进矣伟矣千古树楷模

……

一副副挽联，有的是先生生前工作过或有紧密关系的北京师范大学、中央文史研究馆、中国书法家协会等单位所送，有的出自先生同事、朋友、学生之手，有的是书画界、文博界知名人士所送，更多的出自素不相识的崇拜者之手。一副副挽联，道不完一代大师的学术成就和高风亮节，诉不尽后人对先生的绵绵哀思和景仰之情。

早上5点钟，近300名北京师范大学的学生志愿者就赶到八宝山，为悼念活动做准备。7时后，前来参加遗体告别仪式的人士逐渐增多。灵堂的大门还未开启，守候在门口的人们已自发地排起了长队。没有言谈，所有的人都近乎虔诚地保持着一种静默，似乎生怕世间的一丝嘈杂会打扰到酣然睡去的老人。他们之中，有白发苍苍的老者，也有天真烂漫的小学生。一位老人在儿孙的搀扶下倔强地站了很久，时而望着四周飘动的挽联出神，时而对着启先生的遗像微微叹息，而那双看尽世事的眼里，分明是抹不尽、流不完的热泪；一个身材矮小的孩子夹在队伍里无法看到四周，却一次次低头郑重地看着胸前的小白花，一次次不厌其烦地扶正它，似乎通过这个举动与启功爷爷进行着心灵的对话……悲痛的气氛在空气中弥漫着。

告别仪式开始了。人们在启功先生安详慈和的遗容前，久久地站立，深深地鞠躬，默默地流泪，表达着对这位“师垂典则，范示群伦”的国学大师的肯定与留恋。先生的弟子来了，亲属来了，看着他们，我们似乎能够感觉到大师的学术血脉和道德文章仍然在传扬、在流淌，永无枯竭之日。

吊唁的长队开始缓缓推进了，来自全国各地的人们，终于看到了他们景仰的先生的遗容。眼角挂着泪水，一鞠躬、二鞠躬、三鞠躬……泪珠不住地溅在地上，擦去，又涌出。泪眼蒙眬中看到的先生是笑着的，仿佛还在如往常一样打趣着、自嘲着，客客气气地言说着。是的，启功先生是不同凡俗的大师，但他更是一位时时给人以温暖的“阳光老人”。他的文章永存、艺术永存、人格魅力永存！

得启功先生亲传的大弟子、北师大书法系主任、著名书法家秦永龙教授一早就赶来了。顾不上与老师告别，他在接待处铺设纸墨，一直忙着为人代写挽联。一个上午，他写了数百副挽联，累得腰都直不起来，还不肯坐下歇歇。“能为启功先生做点事情，这是我们的荣幸。我们只有更加努力地工作，来报答老师的恩德。”谈起往事，秦老师和友人[①]痛哭失声，哽咽不能语。后学对于先师的一片赤诚，就在这用心写就的一笔一画之中流淌，绵延不绝。

时近中午，前来送别的人还络绎不绝。他们当中，有启功先生生前友好，有文学艺术界人士，更多的是普通读者、与先生素不相识的人。只是凭着对先生的敬仰，他们赶来送先生最后一程。据不完全统计，今天有一万余人出席了启功先生遗体告别仪式。

“天丧斯文长已矣，我失其怙且偷生。”“世无灵药能驱死，学有疑难可问谁？”这是先生教过的两位学生、如今卓有成就的两位学者敬献的挽联，痛惜之情，溢于言表。启功先生执教七十余年，桃李满天下。他们有的成为各自领域的权威专家学者，有的成为高校和政府部门的领导干部。在他们心目中，启功先生不仅是恩师，更像慈父。今天，他们从全国各地赶来，与恩师作最后的诀别。中午 12 时许，当臂戴黑纱、手持白花的弟子们进入灵堂，一看到恩师慈祥的面容，他们再也控制不住悲痛的心情，跪倒在地，行叩拜大礼。“先生，您的学生看您来了！”“先生，您别走！”一声声含着泪水的呼唤，挽不回先生飘逝的英灵，怎不令

① 文中“友人”即本书作者。

人肝肠寸断！赵仁珪教授手抚灵柩，痛不欲生。他追随先生二十多年，与先生结下了深厚的感情。启功先生曾多次自述，他与恩师陈垣先生“情逾父子”。其实，在他的学生眼里，他老人家又何尝不是一位慈祥的父辈呢？

灵车渐渐远去，哭声不断，哀思不断，先生的精神永在！一代大师离去，留下的是不朽的学术和艺术成就；一代大师离去，留下的是高尚的品德和人格魅力！

自从启功先生逝世以来，社会各界举行了各种悼念活动，缅怀这位在做人和做学问上都堪称人世典范的老先生。北京师范大学除设立灵堂供各界人士吊唁外，还召开专家座谈会、师生座谈会，深切缅怀启功先生。人们眼含热泪，追思先生的感人事迹。师生们自发地举行烛光追思活动，深情悼念启功先生。人们用凄凉的《送别曲》，在启功先生的灵堂前齐声而悲壮地反复吟唱着自己的心声。网站上设立的“启功先生纪念馆”上，已有数十万人以网上献花、上香、祭酒、点烛等形式来寄托自己的哀思。

（2005年7月7日）

又读启功先生

还是那幢熟悉的小红楼，静静地掩映在苍松翠柏之中。楼前草地上，微微泛黄的小草，在秋风中轻轻地摆动，仿佛在等待主人归来。一次又一次，我在远处徘徊，遥望小红楼，却不敢走近。明明知道老人已经走远，可一颗心还是颤抖不已，生怕惊醒了沉睡的主人。

敬爱的启功先生，离开我们已经整整100天了。

100天，仿佛只是短短的一瞬。那个撕心裂肺的时刻，仿佛就在昨天。噩耗如五雷轰顶，我心如刀绞，泪如雨下。至今我都不愿也不敢相信：启功先生，您真的走了吗？多少回梦中，我又来到小红楼坚净居，听您谈天说地、说古道今。我从梦中惊醒，音容宛在，四壁悄然。我一任泪水默默地流淌，打湿了被角和枕头。

这些日子里，我再不敢翻阅您的作品——那是我素所喜爱并常常捧读的;可在心里,我没有一天不在反复读着另一本大书——启功先生,一本大写的书。那些常为人们忽略的小事,时时在我眼前浮现。恰恰是这些小事,折射出先生完美的人格。

“我不是名人,所以只能写规范字”

在许多城市里,您题写的匾额成为街头一景。有心人会发现,这些匾额上大多是简体字。当年有人做过调查,在北京市所有的立交桥中,只有您题写的“建国门桥”是规范的简体字。您对此的解释是:“别的桥都是名人题写的,我不够名人资格,所以只能老老实实地按规范字写。”其实我知道,您在给人题字时,为了尊重别人的习惯,一般都要问一声“要简体还是繁体”,有时甚至简体、繁体各写一幅供人选择。但凡是题写公开出版的书刊或是公共场合的牌匾时,您一般都要写一幅简体字的。前些年,有关方面为规范街头牌匾用字,曾经掀起过一场更换牌匾的运动,很多由著名人士题写的牌匾都被强制撤下来。对此,一位高层领导提出:启功先生是大书法家,应该尊重他的创作习惯,写简体字还是繁体字,由他自己决定。这算是对您“网开一面”,别人只能写简体字,而您就可以按照自己的意愿写。我得知这一指示后,当即转告先生。然而您并不以自己为特殊,依然老老实实、规规矩矩地写规范的简体字。有一次我委婉地提出，似乎写繁体字更好看些。您正色道："这不是爱写不爱写、好看不好看的问题，汉字规范化是国家法律规定的，法律规定的我就得执行。"

"法律规定的我就得执行。"您用朴素的语言说明了一个为人的大道理。您平时为人幽默豁达，但在原则问题上绝不含糊。比如，您对有人仿冒您的书法作品虽然无奈却比较宽容，但对盗用您的名义进行古字画鉴定的行为就绝对不容忍；您对求字者很少拒绝，但对人品低下者却从不肯通融。"一拳之石取其坚，一勺之水取其净。""坚"与"净"在您的心里至高无上，为此您把书房命名为"坚净居"，自号"坚净翁"，而这正是您为人处世的准则。

"孩子的教育，真比我们的生命还重要"

1997年，《光明日报》拟出版"庆祝香港回归"书画专版。我来到小红楼向您约稿，您二话没说，当场挥毫题词："庆祝香港回归祖国　合浦珠还。"像这样不谈价钱、不索分文地无偿贡献书画作品，对您而言真是太平常了。身为一代书法大师，您从不把自己的书法视为牟利的奇货，曾欣然为普通工人题字，为普通市民题字，为年轻学生乃至小朋友题字，并多次捐出书画作品救助灾区人民。

1998年夏天，我国长江流域遭遇特大洪涝灾害。您不顾年高体弱，冒着酷暑连续几天出席全国政协、中央文史馆等举办的义卖活动，捐献作品20余件。当您得知灾区许多学校被淹、孩子无法上学时，心急如焚，奋笔疾书："急救灾区，尤其要救灾区的孩子！孩子的生活，孩子的教育，真比我们的生命还重要！"殷切之情，溢于言表。在很多人看来，像您这样的大书法家，随便写个字就是钱，还不早就成了千万富翁。其实，您的钱都给了那些需要的人，而您本人仍然过着粗茶淡饭、布衣土鞋的简朴生活。与那些把自己的作品作为牟利工具、与人讨价还价的所谓书画家相比，与那些忙着四处"走穴"赚钱的所谓艺术家相比，怎不令人愈加钦佩您的博大爱心和无私奉献精神？

"启功呀启功，你就像这红烛头儿"

您一生最钟情的，是教书育人、研究学问。您曾多次说过："我就是一个教书匠。"在您去世前几年，尽管年事已高，体弱多病，可还是著述不辍，育人不止。粗略地统计一下，光是80岁以后您就出版了20多部著作。在92岁高龄之际，您一口气推出《启功口述历史》《启功讲学录》等五部专著，令世人称羡。就在去世前，您还带着10名博士生，辅导他们进行学术研究。您抓紧一点一滴时间，要把自己奉献给社会、奉献给后代。

2004年9月14日，我去看望您。那时，您的身体已大不如前。谈起7月26日大家为您祝寿的情景，您沙哑着嗓子幽了自己一默："当那些女孩子举着红烛给我唱祝寿歌的时候，我也在心里唱着祝词呢。你猜我唱的是什么？我唱的是：启功呀启功，你就像这红烛头儿……"那一瞬间，我的泪水夺眶而出。人们常把教师比作红烛。可是，当你面对一支即将燃尽的红烛时，你会是怎样的心情？先生劳累了一辈子，您真该歇歇了。其实，您还有很多想法，您的肚里还有很多宝贝没掏出来。可恨苍天无情，竟不肯假以时日，让先生把更多的爱奉献给人民！

先生，您就像红烛一样，燃烧了自己，照亮了别人。您曾经用一笔一画创作的书画作品，换来巨款，设立"励耘奖学助学基金"，奖掖青年才俊，扶助贫困学子；资金总是有限的，而您精神的感召力量却是无限的。如今，一个以您的名字命名的"启功教育基金"已在北师大设立，将有更多"为人为师双优，奉献成就兼备"的优秀师生得到鼓励。更重要的是，您爱国进步、辛勤耕耘、严谨治学、奖掖后学的崇高风范，和尊师重教、为人师表、虚怀若谷、淡泊名利的高尚品格将得到延续和光大。

先生，十几年来，在与您相处的日子里，我时时被感动着。实际上我也在读着一本大书，从艺术，到学问，到人品；我的心灵不断得到熏陶，从佩服到景仰，从尊敬到崇拜，从热爱到依恋，先生已成为我生命中不可或缺的一部分。

又读启功先生，读到的依然是人品，收获的不仅是感动。

（2005 年 10 月）

在国图听启功先生讲座

2003年冬季的一天，我在国家图书馆借书的时候，看到馆里贴出当月"文津讲座"预告，眼前不禁为之一亮：当月的文津讲座将邀请启功先生，就中国文化与印度文化的关系作演讲。我喜出望外。还是当年在北京师范大学中文系读书期间，有幸听过启功先生的课；毕业以后，虽然蒙先生错爱，能够经常出入先生门庭，听先生谈天说地，也在一些场合听过先生的即席讲话，但再也没有听过先生讲课、讲座。这个机会岂能错失？

"文津讲座"是国家图书馆举办的名人系列讲座，因原北京图书馆（现为国家图书馆分馆）所在的文津街而得名。据悉，在20世纪50年代，位于北海旁边文津街7号的老北图就经常举办学术讲座，老舍等一代文化巨匠都曾在这里传道授业。2001年，国图分馆继承老北图的传统，为扩展图书馆的文化功能，传播文化信息，恢复举办以传播中华传统文化为主旨的名人系列讲座，讲座内容涵盖文史、政经、音乐、美术等诸多领域。位于白石桥的国图总馆也开设了同样的讲座。我曾经听过几次讲座，感觉确实受益匪浅。但因时间不巧，多数讲座都没有听过。此前，启功先生就曾受邀在国图作过讲座，题为《清代学术问题私见》。我因事先不知，所以没有听成。这次的讲座，我肯定是不能错过的。

到了启功先生演讲那天，我一早就赶到国家图书馆。演讲厅不人，条件也比较简陋，可当天的听众却较前几次为多，我想大多数也都是冲着启功先生的名气来的吧。讲座开始的时间到了，在热烈的掌声中，启功先生坐在轮椅上被推上讲台。我记得他以中国诗歌格律的形成过程为例，论证中国文化与印度文化的关系，大意是中国文化受过印度文化影响，但既不可"凡是外国有的，中国就一定早就有了"，也不可"以为中国什么都是从外国来的"。我记得他还讲到一个外来词："犍陀罗。"因这个词读起来很有意思或至少从他嘴里读出来别有那么一点意思，所以我记住了。但因为当年的笔记找不着了，所以我对讲座的详细内容也记不太清了。只记得先生讲得风趣幽默，现场气氛轻松活泼，不时荡起笑声。

印象最深的是讲座结束时的情景。启功先生讲完后，一些听众提问，先生解答。当主持人宣布讲座结束时，不少听众涌上讲台，不外乎是想问候先生、请先生签名或与先生合影留念。在这样的场合，我当然不会去凑这份热闹，因为不想增加先生的负担，所以就远远地站在座位旁看着。但忽然，先生在几个学生的陪同下，匆匆忙忙往讲台后面而去，后来再也没有出现。讲座就这样结束了。

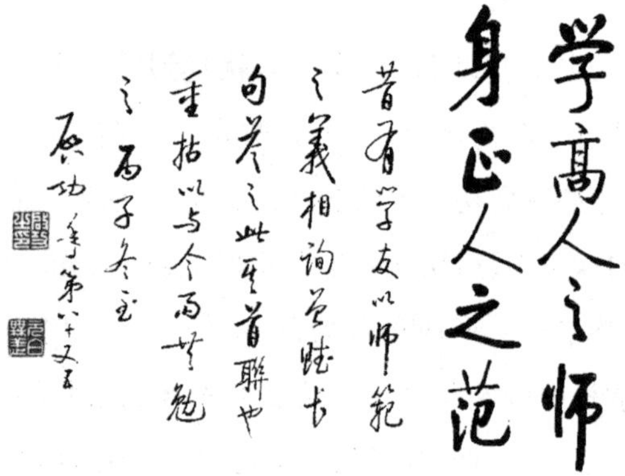

先生手书“学高人之师”

当天下午晚些时候，估计先生休息够了，我给先生打了个电话，告诉他今天我也去听他的讲座了，因为人多，所以没有跟他打招呼。我有点好奇地问：“后来您怎么匆匆忙忙地出去，就再也没有回来了？”先生大笑着回答：“哈哈，拉裤子里了！”我听后既难受，又更加敬重先生。那时先生的身体已经很不好了，有时会大小便失禁。在这样的情形之下，他还带病去给广大读者作讲座。一场讲座，事先需要做准备，现场需要连续讲一至两个小时，这都是要耗费大量精力和体力的。对于一个疾病缠身的91岁老人而言，确实不是一件轻松的事。先生是为了什么呢？不就是为了多向读者传授一些知识吗？今天我向广大读者披露这个“真相”，我想不但无损于先生的形象，只能令人更加敬重先生吧！

最近翻阅赵仁珪、万光治、张廷银三位先生合编的《启功讲学录》（北京师范大学出版社2004年7月第1版），内中收录了先生这篇演讲录，我才知道原来题目是《沈约四声及其与印度文化的关系》。在这篇演讲中，启功先生用大量论据，驳斥了清朝中期以后出现的“四声不是南朝沈约推测出来的，而是曹子建（曹植）在鱼山听人做梵呗即佛教唱偈语时从中悟出”的说法。启功先生在这里实际上批判了对待外国文化的一种错误态度，即“以为中国什么都是从外国来的，似乎中国连吃饭都是看某种动物吃东西才学会的”。用一个我们熟悉的名词来概括，就是“历史虚无主义”吧。详细内容书里都有，这里就不复述了。

这里想特别指出的是，关于这次演讲的时间，书中记录为“2004年10月28日在国家图书馆讲”，这显然是错误的。具体的日期我不知道是否有误，但年份肯定是错了。我可以举出若干条理由:第一,2004 年 7 月 26 日,先生 92 岁生日当天及此后不久,我先后两次拜见先生,那时先生身体已大不如前,嗓音沙哑,身体虚弱,不可能再外出参加社会活动,特别是作长时间的讲座;第二,2004 年 10 月 31 日,《光明日报》推出一个启功先生书画专版,在此前后我曾多次与先生及其家人联系,确定入选作品,并将特为此专版撰写的文章《三读启功先生》送先生审阅,当时接触较多,印象中也没有谈到什么讲座;第三,先生在 2005 年春节之前就身体不适,比较虚弱,在春节那天病重住院,并于 6 月 30 日病逝,从时间上看,当时已不可能作这样的讲座。除了以上理由外,最直接、最明显的一个理由是:本书是 2004 年 7 月出版的,不可能预先记录先生还没有作过的演讲。那么应该是哪一年呢?根据我的记忆,应该是 2003 年,先生坐轮椅就是一个证据。希望记录者再查对一下。

先生演讲的具体时间虽然不是什么大事,但是可能给后人研究启功先生造成误导。所以特别指出,希望在再版的时候能够改正过来。

(2006 年 4 月)

想起为钟敬文、启功先生开车

早上起来才发现下雪了,雪并不大,可是飘飘洒洒地一直下着,车上已经覆盖了不薄的一层。

上班的路上,看着车窗外飘飞的小雪花,不知怎的,忽然想起了那年冬天,也是一个下雪天,我为钟敬文先生和启功先生开车的情景。

那是2000年年初,我就传统文化研究问题对启功先生作了一次专访,稿子写成后送给启功先生审阅。1月21日上午,我去先生府上取稿,不巧先生正要去中文系开会。我以为有车接呢,没想到先生说:“路不远,走着去。”那几天,北京连降大雪,银装素裹,分外妖娆。欣赏雪景,倒是件颇有兴致的雅事。可是校园内许多地方积雪未化,已成坚冰;这天天气寒冷,眼看着一场雪又将降下。天寒地冻,路滑难走,一路已见不少行人摔倒。这样的天气让年近九旬的老人家独自出门,实在令人放心不下。于是我自告奋勇，提出要开车送先生前往，先生欣然答应。

一路上，我们随意聊着。眼看中文系所在的科技楼就要到了，我心里嘀咕起来：北师大科技楼是一幢比较独特的建筑，它的大门开在二楼，步行须爬很高的台阶上去，开车则必须爬上很陡的斜坡，难度较大，稍有不慎就会熄火。如果一口气匀速开上去倒也罢了，但如果中途因故停车，须“坡起”的话，对司机则是一个考验了。我那时开车也才两年多，经验算不上丰富，一般情况下这种陡坡是不敢随便上的。但是，让老先生爬这么高的台阶，我也于心不忍。于是我打定主意，再难的关也要闯一闯。

车到科技楼前，我一看，坏了，楼前乱七八糟停了一大堆自行车，只留下一个很窄的通道，将将够一辆车通过；斜坡入口处，还停了一辆三轮车。我只好减慢速度，绕过自行车和三轮车，爬上斜坡。开到一半，可能是因为速度不够，车子有点抖动，我心里有点紧张。这时候只有一个念头：决不能让车停下来，决不能吓着启功先生！我加大油门，提高速度，车子冲了上去，平稳地停在门前。这时我才发现腿在发抖，手心里都是汗。

谦和的启功先生一迭声地表示感谢，我则为能为先生服务感到荣幸。尽管先生一再表示不必等他了，但我想：好事做到底，我既然送先生来了，怎么能中途不管了呢？所以我就在门外等着。

到了中午12点，会散了。启功先生和钟敬文先生从会议室里出来。我过去搀扶着启先生，照顾他们上车。钟敬文先生走在前面，天性幽默的启功先生开始拿钟先生“开涮”了：“黄苗子先生说钟先生是‘人瑞’，我说要是‘山瑞’①可就坏了！”他似乎在对我说话，但我知道绝对是说给钟先生听的。在大家的笑声中，启先生又故意压着嗓门，而以钟先生能听见的声音补上一句：“可别让钟先生听见。”说完，自己像个顽童似的笑了。钟先生走在前面不远，不知是真没听到呢还是假装没听到，反正没“搭理”他。两位老人互相敬重，可是在一起经常开玩笑，斗嘴皮子。我把他们俩送回小红楼，两位先生一再表示感谢。我说：“能为两位先生开车，这是我的荣幸！”两位先生高兴地笑了。

为两位文化老人提供一点力所能及的服务，这本是一个晚辈分内之事，没什么可夸耀的。事后我觉得启先生和钟先生开玩笑那一段还有点意思，就写了篇小文章在报上发表了。不想过几天就收到一封匿名信，以极其龌龊、歹毒的语言把我辱骂了一顿，还在刊有我的文章的报纸上打了一个大大的“×”字，旁批“狗屁”二字。那封信的信封我到现在还记得清清楚楚，是“XXXX基金会”的。我不禁愕然，没想到这类轻松的小文章居

①山瑞，又称“山瑞鳖”，为国家二级重点保护野生动物。

然还有人反感，更没想到以扶贫济困为宗旨的人居然还管作者写什么文章、报纸发什么文章的事！有什么意见为什么不能光明正大地提出来，而要用匿名、辱骂的方式呢？他是对我不满呢还是对启功先生不满呢？这是我一直百思不得其解的。当然我也知道，虽然信封是XXXX基金会的，但匿名信跟这个基金会毫无关系；可那个隐藏在阴暗角落里的人不但自己不敢露出真面目，还盗用这个基金会的信封和邮资（信封上盖着“邮资总付”的印戳），其行为败坏了这个公益机构的形象。

我一边开着车，一边漫想着。我又想到，钟先生走了，启先生也走了，我那辆车也在前年卖了。一瞬间，我竟有些后悔不该卖了那车，要不然可以留下一个纪念呀，心里竟有些酸酸的。又一想，这话说出来又该招人骂了，那位曾经恶骂过我的先生（或女士？不会是女士，女士不会骂出那么恶心的话来）如果看到的话，又该骂我大搞个人迷信了，启功先生偶尔坐过的车都不舍得卖掉，不是个人迷信是什么？我想，此公如果真的这么想的话，那表明他不光心态不正常，他连基本的人之常情都没有，所以他不能理解我对启功先生的爱戴之情。

我又想到，我当时其实是挺冒险的，要是万一有点闪失，那我的罪过可就大了。那可是两个国宝级的人物呀，如果在我的车上出点事，我将如何交代？启先生常说：“七十不留宿，八十不留饭,九十不留坐。”钟先生年近一百,启先生年近九十,一般人碰到这种情况,可能不会主动地去揽事的;可我当时并没想这么多,只是想着怎样帮老人一点忙。若是放在现在,我还会这么做。

我又想到,先生走了快两年半了,在先生生前,我没有珍惜时间,总觉得像启先生这样的人不会老;为先生做的事情也很少,现在想为先生效劳也没有机会了,想来真是后悔不已。

一路开着车,我就这么一路胡思乱想着,任雪花在窗外飞舞着……

(2007 年 12 月 10 日)

在启功先生离开的日子里

2005年,我经历了人生中的一件大事:

6月30日凌晨2时25分,我最敬爱的启功先生与世长辞。

当天早晨,当我得知这一噩耗时,我不相信。尽管我知道先生住院已有时日,但我坚信先生一定能回来。7月26日是先生的93岁生日,我还琢磨着今年该为他老人家写一篇什么文章呢。我给启先生家打电话,希望听到的是否定的回答。可是,先生侄媳郑喆女士一句话把我的希望都打碎了:“是的,先生已经……”我立刻泪如雨下,泣不成声。反倒是郑老师沉静地安慰我:“我们的心情是同样的。有空到家里来吧,我们见面再谈。”

6月30日一整天,我把自己关在办公室里,不停地流泪。报社①得知启功先生去世的消息后,准备让我去北师大采访悼念活

①指作者当时所在的光明日报社。

动,可我这样的心情,哪能像局外人一样去冷静地采访?在这种情况之下,报社改派文艺部一位年轻的女记者去采访。这位记者知道我和启先生熟,体谅我的心情,但希望我能给她介绍一些我跟启功先生交往的情况。她给我打来电话,然而电话中我再次哽咽不能语,放下话筒大哭,一任电话铃声响个不停。这位记者善解人意,给我发来短信:"我理解您此刻的心情,沉默是您对先生最好的怀念。希望您节哀,保重身体。先生在天之灵知道您这样伤心,也会很不安的。"这样的安慰反而让我更加伤心,因为它让我更加真切地意识到先生已经不在了。

可是我哪能沉默。先生走了,深受他信任、关心的我,总要为他做点什么才好。我与先生交往的点点滴滴,一一浮现在眼前。当天我就含泪写下短文《哭启功先生》,交给文艺部,"文荟"副刊的编辑大姐格外照顾,当天就安排上版,于次日(7月1日)见报。大样签发前,大姐提出:在这样的日子(指7月1日),报上出现"哭"字不太合适,改个中性一点的标题《怀启功先生》吧。只有"哭"字才能真实地传达出我对先生深切而无尽的哀悼之情,但为了文章能够顺利问世,我采纳了她的建议。可是,我对先生的感情,又岂是平平淡淡一个"怀"字能宣泄出来的?

7月1日一早,我就赶到设在北师大英东学术会堂的灵堂,吊唁启功先生。在先生的巨幅遗像前,我深深鞠躬,掩面而泣。

低回的哀乐令人心碎。先生慈祥地看着我，会不会怪我来得太晚了？我又赶到先生家中，小灵堂就设在先生书房里。我含泪四顾，心中一片茫然。先生呢？先生，您在哪儿呢？这间熟悉、温馨的小书房，没有了先生开朗的笑声、幽默的谈吐，会变成什么样子呢？

7月1日晚，我带着儿子到北师大校园，看到很多学生自发地在广场上为启功先生举行烛光追思会。年幼的儿子不解地问："他们在干什么呀？"我强抑悲痛，用颤抖的声音回答："启功太爷爷走了，他们在送启太爷爷呢。"我一边说，泪水一边顺着脸颊悄悄地滑落。一直活跃着的儿子意识到了什么，他立刻沉默了，整个晚上都沉默着。儿子没见过"启太爷爷"，但他知道有个启太爷爷在关心他，从他刚出生起就关心他。

7月7日，先生遗体告别仪式在八宝山革命公墓举行。我一大早就来到八宝山，瞻仰先生遗容。那一天，成千上万的人从四面八方自发地赶来，送别启功先生。我先后三次进入灵堂，与先生告别。我努力睁大哭得红肿而模糊的眼睛，力图把先生的面容看得更清楚一些。我知道，此一回头，我就再也见不着先生了。此刻，尽管先生的面貌是那样清癯，尽管先生已没有了生命，可那还是我敬爱的先生呀！

灵堂外，先生的忠实弟子、著名书法家秦永龙教授，一直在挥汗代来宾题写挽联。我找到秦老师,询问先生走前的情况。在先生住院期间,虽然我常常打听他的病情,但一直犹豫着没去看望他。一则担心增加病人的痛苦和家属的麻烦;二来我始终坚信先生一定能健康出院,就在前不久我还听说先生的病情有了好转呢。秦老师告诉我:先生这半年中遭受了很多痛苦。他全身插满了管子,喉管被切开,用上了呼吸机,痛苦不堪。先生是非常随和的人,平常对人很温和,很少发脾气。可是在医院期间他非常烦躁,几次发怒,拔掉管子,发疯一样地使劲撅。如果不是痛苦到极点,先生不会这样的呀。"老天爷真是不公,像先生这样的好人,为什么还要让他在临走之前受这样大的罪呢!"我和秦老师都泣不成声,几乎晕厥。

载有先生遗体的灵车缓缓启动了,先生的亲友、学生们扶柩痛哭,悲不自胜,痛不欲生。目送着灵车远去,我的心里空落落的。慈祥和蔼、风趣幽默的先生就这样去了?从今而后,我到哪儿去再聆听您的妙语笑声呢?您在那边会孤独、寂寞吗?

先生走后,很长时间我都走不出阴影。我把先生的遗像放置在办公桌上,经常凝视着先生慈祥的面容,回想往事,暗自垂泪。先生的去世,在我的生活中留下了巨大的空白。我仿佛变成了一个不谙世事的小孩子,总是想不明白:像启先生这样的好人,怎么会走呢?我总是在担心:先生在天堂会寂寞吗?先生在那边会不会冷呢？先生的一位学生曾写下一副挽联："世无灵药能驱死，学有疑难可问谁？"这是一种多么沉痛的心情，外人又岂能领会？当我在读书中遇到疑难问题时，我的第一个念头就是："问启先生去。"可是很快我就意识到：先生已经不在了，我到哪儿去问呀？

从2005年7月1日之后，我在很长时间内都不敢去先生家。多少次，我遥望小红楼，在远处徘徊，就是不敢走近。我多次给先生家人打电话，承诺着要去看看他们，先生还有一笔小小的稿费在我手里呢。可是我却胆怯地一天天往后拖，一直不敢前往。我不敢看到没有先生的"坚净居"。先生的著作，整齐地排放在我的书架上，那是我素所喜爱并经常捧读的。可从先生走后很长时间，我却一次也不敢翻阅。看到先生的书，就想起先生，就想起先生题签赠书的情景。我感觉先生的灵魂还在书中跳动，我不敢惊动先生。我不敢想起先生，不敢提起先生。当有人同情或好奇地和我谈起先生时，我总是哽咽不能语。

也许有人会奇怪：启功先生给了你什么恩惠，你会这么悲痛？这也是我有时会扪心自问的一个问题。启功先生为什么会令我、令很多人长久感动、怀念？对于一些世俗的猜测，我一笑置之。也有人善意地解释为对老师情深意切，对此我也不敢完全领受。我在北师大读书期间，确曾受过启功先生的教泽，尤其是在先生晚年的十几年中，我与先生过从甚密，受益匪浅，确实视先生为恩师。但是我从不敢自称先生的学生。我自知才疏学浅，生怕辱没了先生的英名。

我想最主要的，还是先生的人格魅力对我的深刻影响。人们谈到启功先生，除了他的诗书画以外，更多的还是他的为人。我长期与先生交往，耳濡目染、潜移默化之下，在为人处世方面深受先生非凡人格的影响。同时，在我的心里，早已把启先生看作自己的亲人，看作一位可亲可敬的长辈。我的悲痛，完全是遽失亲人的悲痛；我的怀念，完全是对慈祥祖父的怀念。在先生去世之后，我接连含泪写了几篇回忆文章，完全是为了宣泄对先生的深切怀念。在我有限的人生经历中，启功先生是我仅见的、发自内心崇拜和爱戴的"完人"。2005 年 10 月 8 日，在启功先生逝世百日追思会上，当刊有我写的《又读启功先生》一文的报纸送到会场上时，不少专家学者感动得流下了热泪。他们说："在先生逝世百日这一天，只有你写了纪念文章发表出来，可见你对先生的感情多深啊！"

先生多年对我的教育和熏陶，给了我巨大的精神力量。我把先生的照片放置在办公桌上，每天面对。每当我遇到不顺心的事情而心情灰暗的时候，看看微微笑着的先生，心情立刻开朗许多；每当我遇到困难而产生畏难情绪的时候，看看微微笑着的先生，立刻坚定了我战胜困难的勇气；每当我因为一点点成绩而骄傲的时候，看看微微笑着的先生，立刻提醒自己切不可得意忘形。

当我写这篇短文时，泪水不断地模糊了我的双眼，数度搁笔，不能成文。虽然先生离去已有半载，但我的悲痛之情未曾稍减。先生的精神是我心中永不熄灭的明灯，先生的离去也是我心中永远挥之不去的痛。

（2006年1月15日泣书）

站在启功先生墓前

中学生，副教授。博不精，专不透。名虽扬，实不够。高不成，低不就。瘫趋左，派曾右。面微圆，皮欠厚。妻已亡，并无后。丧犹新，病照旧。六十六，非不寿。八宝山，渐相凑。计平生，谥曰陋。身与名，一齐臭。

——启功《自撰墓志铭》

一

2006年6月30日，北京西郊，香山脚下，万安公墓。

上午，一场朴素低调、不事张扬的骨灰安葬仪式在这里举行。

进大门前行10米，右转，前行20米，路的右侧，就是启功先生的长眠之地。上午10时，先生生前的至亲好友和同事学生100余人，来到这里为先生送别。先生一向不愿麻烦别人，这最后的告别也没有惊动太多的人。

启功先生的墓地占地三平方米。墓茔东向，前望玉泉，后倚西山；苍松侍于左，坦途通于右。墓碑黑色，设计简洁大方，中间有个曲线的凹槽，形似先生一生喜爱的砚台。墓碑正面刻着逝者的名字和生卒年：“启功　1912—2005”；“夫人章宝琛 1910—1975”。启功先生坚守着对妻子的忠贞，阴阳相隔30年后，他们终于团圆了。墓碑背面刻着先生生前所喜爱的一则砚铭：“一拳之石取其坚，一勺之水取其净。”先生自号“坚净翁”，书房为“坚净居”。碑座上，刻着那篇广为人知的墓志铭：“中学生，副教授。博不精，专不透。名虽扬，实不够……”

在墓茔旁边一间小小的告别室里，先生的骨灰盒摆在正中的台子上，两边肃立着送别的亲人。哀乐响起，亲人默哀。启功先生的侄子双手托起先生的骨灰盒，慢步走出告别室，来到墓前。庄严的佛教歌曲在空中回荡，悲戚的声音响起来——“先生一路走好！”“先生保重！”带着亲人们的祝福，先生的骨灰移驻墓穴。两块石板封住了墓口，亲人们再看一眼逝去的长者，把花瓣撒在了墓座上。

泪水，顺着脸颊悄悄滑落，消失在黄土中。

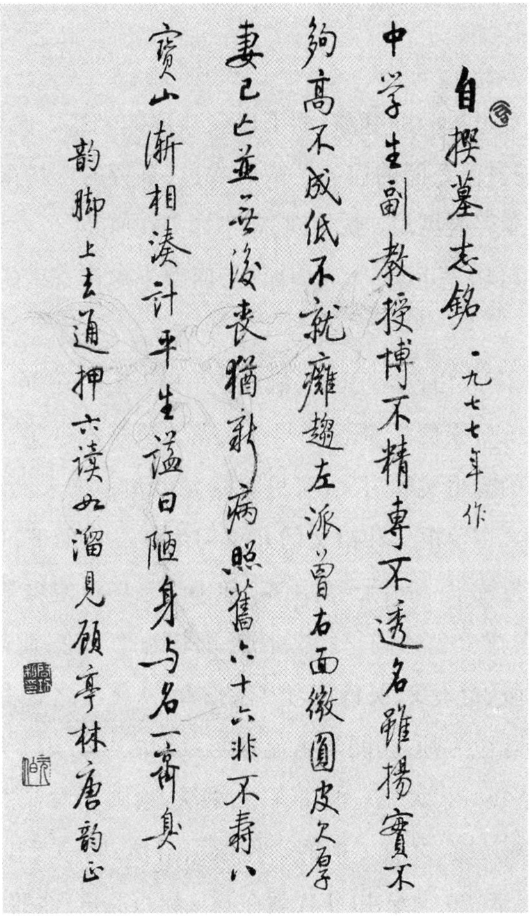
自撰墓志銘　一九七七年作
中学生副教授博不精專不透名雖揚實不
夠高不成低不就癱趨左派曾右面微圓皮欠厚
妻已亡並無後喪猶新病照舊六十六非不壽八
寶山漸相湊計平生謚曰陋身与名一齊臭
韵脚上去通押六读如溜見顧亭林唐韵正

先生手书“自撰墓志铭”

二

阳光穿过树叶的缝隙,洒下斑驳迷离的光影。偶尔几声鸟鸣虫嘶,映衬着墓园的寂静。微风吹过,墓旁的松树微微颔首,墓前的黄伞轻轻晃动。恍惚间,竟不知身在何处。

站在启功先生墓前,遥望西山,回顾先生传奇般的人生,心绪难平。

启功,字元白,亦字元伯,满族人,1912 年 7 月 26 日生于北京。他虽为皇族贵胄,但家道早已衰落。他一岁丧父,十岁失去为他启蒙的曾祖父和祖父,家里就靠寡母和一个未出嫁的姑姑苦苦操持。在曾祖父和祖父的几位门生仗义相助下,他才得以在汇文学校读书。但因经济困难,他中学未毕业便辍学了,从此养家糊口,背上生活的重担。但他并未因此沉沦,而是发愤自学,先后师从贾羲民、吴镜汀习书法丹青,从戴绥之修古典文学,后来更拜陈垣为师,获闻学术流别与考证之学。几十年来他从未懈怠,终成一代大家。他在诗词、书法、绘画上均有骄人成就,有“诗书画三绝”之誉。他的画作取法自然,明净无尘,清劲秀润,耐人寻味,20 世纪 40 年代就在画坛崭露头角;他的书法博师古人,典雅挺秀,美而不俗,在当代书坛独树一帜,自成一家,被人们誉为“启体”,成为彪炳书坛的领袖;他的旧体诗词格律严谨工整,语言典雅丰赡,意境深远含蓄,学力深厚坚实,深具古典风韵,享誉国内外诗坛。他学识渊博,对古典文学、语言文字学、音韵学、训诂学、历史学、文献学、版本目录学、宗教学等都有广泛的涉猎与研究;他是古书画鉴定专家,尤精碑帖之学,对古书画、碑帖的鉴定独具慧眼,见识卓异,造诣很深,几十年来为整理和保护国家珍贵文化遗产作出了卓越贡献。

先生一生成就当然不是这区区数百字所能尽述,然而从这样的简介中就可以看出,先生有着怎样波澜壮阔的人生,有着怎样璀璨辉煌的成就。著名学者钟敬文先生曾赠诗启功先生赞曰:“诗思清深诗语隽,文衡史鉴总菁华。先生自拥千秋业,世论徒将墨法夸。”这样博学通才的文化大师,确实令人景仰。启功先生如同一部大书,值得一辈子捧读。

三

与先生一生的学术成就、艺术成就相比,人们更敬重的是他高尚的人格。

在谈到启功先生的时候,人们总是自然而然地谈到他的为人。确实,启功先生具有中国传统知识分子特有的品格特征:正直善良、谦和慈祥、悲天悯人、淡泊名利、虚怀若谷、包容无际。可以说,中国文人的传统美德——仁义礼智信,他无一遗漏。凡是跟先生有过接触的人，只要他不怀有偏见，无不被先生的人品所感动。

先生为人至真。他对祖国、对民族、对人民抱有一颗热诚的赤子之心。他是真诚地热爱我们这个国家、热爱我们这个时代、热爱我们这个社会，真诚地盼望祖国统一、民族团结。他曾赋诗作画，欢呼香港、澳门回归；在各种外交场合，维护国家的利益与尊严，宣传介绍祖国悠久的传统文化。他以一颗博爱之心、忧世之心，密切关心着国家的发展建设。每当遇到自然灾害，他总是踊跃捐献善款。他诚恳待人，爱憎分明，从不隐瞒自己的真实想法和观点。

先生为人至善。他对妻子至爱，对母亲至孝，对师长至敬，对朋友至诚，对晚辈、学生关爱至切，和蔼可亲，悉心教诲。为资助考入北师大的贫寒学生，先生于 1990 年在香港举办书画义卖，筹集资金 160 余万元，设立了"励耘奖学助学基金"，用于资助和激励青年学生辛勤耕耘、严谨治学。对一切遇到困难的人，他总是毫不犹豫地慷慨相助；有时他的善良为小人所用，他也毫不后悔。即使对小动物，他也充满爱心，不忍伤害。

先生为人至坚。"直如矢，道所履，平如砥，心所企。"这是先生喜爱的另一则砚铭，是对"坚"字最好的注解，也是先生道德操守的生动写照。先生温柔敦厚，平易近人，实则外柔内刚，外圆内方，刚直不阿。先生幼年失怙，少年失学，中年丧母，晚年丧妻，并曾被打成右派、“准牛鬼蛇神”，一生坎坷，历经磨难。他没有被命运击倒，不仅顽强地生存下来，而且卓有成就，成为一代大家。先生平素为人谦和，宽厚待人，但为人方正，在原则问题上非常认真，绝不随波逐流、随声附和。我们常见的是他“笑脸弥勒”的一面，我也确曾几次见过他“怒目金刚”的一面，那都是在对待原则问题的时候。

先生为人至净。先生性格洒脱，胸襟旷达，淡泊名利，从不计较个人得失，一生不为金钱所动，不为功名所累。他心地纯净，不掺杂念。对人生的坎坷，他总能以乐观的精神、旷达的心胸加以化解，从不怨天尤人。对假冒他书法的行为、对一些人不负责任的议论，他一笑了之，表现得很超然。先生身为帝胄后裔，从不以此自炫，甚至不愿承认自己姓“爱新觉罗”，自称“本人姓启名功字元白，不吃祖宗饭，不当‘八旗子弟’，靠自己的本领谋生”。有人戏称他为“大熊猫”，先生一本正经地辟谣：“我不是大熊猫。大熊猫是国宝，我还有自知之明，哪敢自称国宝呢？”“宠辱无惊希正鹄”，“何必牢骚常满腹”，这样的诗句常常在他的诗中出现，表现的正是他宽广的胸怀。他像一条静谧的河流，宁静平和、清澈见底。

“学为人师，行为世范。”“能与诸贤齐品目，不将世故系情怀。”“评书画论诗文一代宗师承于古创于今永垂鸿业标青史;从辅仁到师大两朝元老学为师行为范不息青衿仰令仪。”先生亲自拟定的校训、书写的对联以及后人敬献的挽联,不正是对老人一生道德文章最好的概括吗?

四

启功先生是2005年6月30日凌晨2时25分去世的。先生似乎特意选择了这样一个安静的时刻,悄悄地走了。

时光匆匆,转眼一年过去。尽管我相信入土为安的古训,可是,当墓穴被两块石板封住的时候,还是忍不住心如刀绞。从墓外到墓内只是小小的一步,可两块薄薄的石板却将我们和先生生死相隔。

在先生人生最后的十几年中,我有幸随侍左右,常常拜读这部大书。十几年,在历史长河中只是短短一瞬,可在人的一生中却是长长的一段。在千千万万人中,我是有福了。我悟性不高,至今未得书中精髓;可粗粗翻阅之下,已经获益匪浅了。先生高尚的人格时时感动着我,一桩桩看似不起眼的小事,如今回想起来,还是令我热泪盈眶。我至今忘不了先生手执铅笔为我修改习作时认真的表情,也忘不了先生面对有人以他名义作假的行为、委托我代发声明时愤怒的神情;我忘不了先生谈到工人下岗、农民负担重时焦急的神态，也忘不了先生手持放大镜细看我的幼子照片时开心的大笑；我忘不了先生身体健康时每次执意把我送到楼梯口频频挥动的双手，也忘不了先生坐在轮椅上双手抱拳目送我离开时留恋的眼神。

为什么我的眼里常含泪水？为什么我的胸口常常隐隐作痛？为什么我的心里空空荡荡，若有所失？“故人不可见，江水日东流。借问襄阳老，江山空蔡州。”“有人夜半持山去，顿觉浮岚暖翠空。”古人的一句句悼亡诗，现在想起来感触尤深。一座大山移去了，心灵的依靠何在？

还是在盛年之际，先生就为自己提前写好了墓志铭，并表示“六十六，非不寿”，表现出对生命的达观。如今，距离“六十六”二十多年了，先生以 93 岁高龄辞世，是真正的“非不寿”了。按照传统的说法，应该属于“喜丧”了。可是，人们为什么还是这样悲痛？是多么巨大的一种人格力量，至今令我们感动不已，怀念不已？

五

可是，就是这样一位善良慈祥、深受人们爱戴和敬重的文化老人，却也遭到某些人的攻击和诋毁。有人对先生的法书有这样那样的非议，有的说他写得太多太滥了，有的嘲笑他的字是

“馆阁体”,有的借“收费”说三道四。但他们恰恰忘记了一点:启功先生从不把书法作为牟取利益的工具。社会上之所以有大量他的书法作品,一方面是因为喜欢他书法的人太多了,认识或不认识的,懂不懂书法的,都想方设法索求;另一方面是因为他从来没有把自己的字当回事,从不以此自矜,从不以书法家自居,从国家领导人到平头百姓,从学者教授到环卫工人,几乎是有求必应,免费供应。一些索字者不忍心“剥削”他老人家,或给点吃的,他和大家分享了;或给点玩的,他放在书柜里与朋友共同欣赏;或给点花的,他转头就交给学校或需要帮助的人。即使说“收费”的话,也是劳动所得,而且是一位高龄多病的老人劳动所得,又有什么可以非议的呢?

启功先生的书法并非登峰造极,批评不得;启功先生也并非完人,毫无瑕疵。正常的学术批评、艺术探讨无可厚非。可是,那种人身攻击、造谣滋事是一切正直、善良的人们所不能容忍的,也终究是不能得逞的。事实也已证明,无论宵小之徒如何诋毁,都无损先生伟大形象、伟大人格于半毫。人们还是一如既往地热爱着启功先生、敬重着启功先生。

为什么总是有人要往这位受到千万人爱戴、敬重的文化老人身上泼脏水?

对付这样的人,还是启功先生的办法高明。早在二十几年前，他就写下了这样的诗句："开门撒手逐风飞，由人顶礼由人骂。"顶礼也罢，辱骂也罢，这一切与我何干？先生已乘鹤而去，留下一群俗人喋喋不休，争论去罢。

有的人活着，他已经死了；

有的人死了，他还活着。

死者倘不埋在活人的心中，那就真真死掉了。

站在启功先生墓前，六月的阳光暖暖地照在身上。我凝视着先生的照片，先生慈祥的笑容在阳光下格外灿烂，我们似乎又在进行着轻松的对话——心灵的对话。一时间，我竟出离了悲伤。我又一次捧读着一本大书，对人生多了几分感悟，对生命多了几分敬畏，对荣辱多了几分超然，对得失多了几分洒脱。

万安公墓历史悠久，环境幽雅。启功先生生前的许多友好都先后安葬在这里，想来长眠于此地的启功先生也不会感到寂寞吧。

落花无言，人淡如菊。启功先生去了，可他没有死，因为他永远埋在我们这些后人的心中。

（2006 年 7 月）

为了永不忘却的纪念

小红楼前的花谢了，又开了；

小红楼前的草枯了，又绿了；

小红楼的主人走了，却再也回不来了。

2006年6月30日，是敬爱的启功先生逝世一周年忌日。

一年来，失去亲人般的悲痛未曾稍减，我对先生的思念未曾稍减。我总在想，应该用一种什么方式，来纪念我心目中敬爱的先生。

于是就有了《三读启功》这本小书。

《三读启功》这本小书并不是新写的，它是我追随启功先生十几年间所写的若干篇有关文章的合集，也是我敬献在启功先生灵前的心花一瓣。

先贤有言："读一本好书，就是和许多高尚的人谈话。"又言："读一本好书，像交了一个益友。"反之而言，面对一位高尚的人，面对一位益友,正也如同读一本好书。人生如书,有的深刻,有的浅薄;有的厚重,有的无聊;有的风趣,有的枯涩;有的内涵丰富,有的思想苍白;有的不堪卒读,有的不忍释手;有的读之无益,有的获益终生。在我眼里,启功先生就是一部厚重深刻的大书,一部内涵丰富的大书,一部不忍释手的大书,一部获益无穷的大书,值得一辈子捧读。

《三读启功》这本小书,就是我长期阅读启功先生这部大书后的一点心得体会,也是我敬呈在先生面前的一份作业。书中所收,有散文、随笔,有访谈、特写,也有通讯、传记,形式多样,但核心只有一个,就是“读启功先生”。

在启功先生生前,出于对先生的爱戴,我曾写过一些有关先生的小文章。那时,我从来没有想过要出一本书;我并且尽量控制自己的笔墨,甚至想过在先生百年之后,绝不再写一篇有关先生的文章。因为我自知才疏学浅,很难传达出先生风采于万一,我只想把对先生的爱戴长存心间。我对名人一向怀有敬畏之心,不愿借名人扬名。我知道启功先生是名人,但吸引我走近他的不是他的“名”,而是他的“人”。说起来令人难以置信:十几年间我竟从来没有刻意与启功先生合过影。手中唯一一张我和先生在一起的照片,还是当年我向先生请教问题的时候,一位朋友悄悄抢拍下来的。当年的“清高”,留下的是永远的遗憾!幸得有这么一张照片，留下了宝贵的记忆！

没想到，当先生真的离我们而去之后，在极度的悲痛之中，我竟然一口气接连写下好几篇怀念文章。先生逝世当天，我就写出《哭启功先生》，发表在第二天的《光明日报》上。我只想把我对先生的热爱、对先生的思念一股脑宣泄出来。现在，我能为先生做的，也就是这么一件事了。我认为，弘扬先生的精神和品格，就是我们后人纪念先生、感恩先生最好的方式。

本书并不是对启功先生全面的介绍和评价，而只是我眼中的启功先生，我心中的启功先生，也就是说，主观的成分更重一些。

编选此书的过程，如同又拜读了一遍启功先生这部大书，想起那些温馨的日子，想起那撕心裂肺的一刻，泪水一遍遍涌出，心灵一次次净化。

（2006年5月6日）

怀念与欣慰

在著名书画大师、文化大师启功先生逝世两周年之际，我撰写的《三读启功》一书终于出版了，总算了却了一桩心愿。

从1984年进入北京师范大学中文系学习起，至2005年6月30日启功先生辞世，我与启功先生相识二十余年，曾经多次亲耳聆听先生教诲。在长期的交往中，我们之间早已超越了普通的工作关系，而成为忘年之交。先生曾自述其与恩师陈垣先生“情逾父子”；我常套用这句话来形容我与启功先生的感情，是“情逾祖孙”。在我心中，启功先生就是一位慈爱的老祖父。

十几年中，我经常来到绿树环绕的小红楼，登上简陋的“坚净居”，聆听先生谈天说地。先生满腹经纶，出口成章，但他并不刻意地卖弄学问，而是天上地下、古今中外随意地闲聊。就在这不经意间，透露出一位文化老人的睿智与博学，令我常常想起“腹有诗书气自华”这句古诗。这样的经历成为我此生幸福的回忆。

先生没有刻意地卖弄学问，我也没有刻意地追求什么。在这样一位耄耋老人面前，我从来都没有感觉到他的老，没有意识到应该抓紧时间做点“抢救”工作。我只是傻傻地问，傻傻地听，就像陪同自己的爷爷聊天一样。问完、听完，也就忘了，大量珍贵的资料，就在记忆的天空中慢慢风化了。在先生生前，我曾经谨慎地写下过有限的一些文章，但大多仅涉及皮毛，侧重于介绍自己的感受，也有一些专访文章和轻松的“独家新闻”；在先生辞世之后，我压抑不住内心的悲痛，又含泪写下了一些怀念文章。文章无论篇幅长短、水平高低，皆是出于我心，是真情实感的自然流露。不少朋友阅后，也都感动得流下泪水。更有朋友极力鼓励我把这些文章集结成书，以供更多的读者了解启功先生。

在朋友们的热情鼓励和热心帮助下，我终于下定决心把这些不成熟的文章收集起来，交由河北教育出版社出版，作为纪念启功先生的一瓣心花。没想到，出版的过程出乎意料地曲折。从定稿到正式出版，竟历时一年有余。应该说明的是，出版这本书，无论是出版社还是我个人，都是无利可图的。我们既无意借此小书扬名，更不愿以启功先生之名牟利，只想实实在在地为弘扬先生的高尚精神做点力所能及的事情。这是我们后人怀念启功先生、纪念启功先生最好的方式之一。

谨以此书纪念启功先生逝世两周年！

愿先生在天之灵安宁！

（2007 年）

关于启功先生的日思夜梦

作者按：启功先生去世15年来，我对先生的思念从未中断，也从未减弱。我经常想起先生，也曾多次梦见他老人家。这些梦，有的有趣，有的辛酸；有的平淡，有的神奇。多数我都会补记下来，没记下来的就随风飘散了。平时的一些感想，我也会随手记录下来。把这些梦境和感想连缀起来，可以从另一个角度看出我心中别样的先生。

2006年7月10日，星期一，阴转多云

前天（8日）夜里，梦见我应邀在北京师范大学做讲座，讲座主题是启功先生。北师大一位副书记和一位副校长出席。我开始即讲："尊敬的某书记，尊敬的某校长，尊敬的各位老师、各位同学：今天让我在这里以启功先生为主题做讲座，我感到诚惶诚恐。北师大是我的母校，这里很多老师是启功先生的朋友、同事

和学生，他们对启功先生的了解比我多得多、深得多，有的老师还专门研究启功先生。在你们面前讲启功先生，实在是班门弄斧。既然让我讲，那么我只能向大家汇报一下我和启功先生交往中的一些逸事。”

接着，我就开始讲起了我和启功先生交往中的故事。我没有讲稿，完全凭记忆讲，非常流利，一口气讲了好几件事。后来，不知道为什么突然醒来。醒后回忆梦境，梦中情景历历如在眼前。那位副校长即是新提拔的某某某。而且当时所讲的几乎全部能背出来。就是现在回想起来，也还能忆起当时的不少话语和语调。

2007 年 11 月 23 日，星期五，小雪

昨天（22 日）夜里，我又梦到启功先生了。但是这个梦很奇怪。

我梦见我到启功先生家里去，把我新出版的《三读启功》一书送给他。先生接过书，拿起毛笔就在书的扉页上写。毛笔是干的，自然出不来墨了。我赶紧拿来墨汁放在一边，可这时毛笔又出墨了。我以为他要写几个字呢，可看他在扉页上涂涂抹抹的，竟像在画画一样。书的页面很小呀，他能画出什么来呢？我站在一边，好奇地看着。只见先生三涂两抹，纸上一团墨洇开

来，像先生曾经画过的葡萄叶，又像荷叶一样。反正就是那么一团墨，也不能真切地说清是什么。这时候那纸已经不是书中的扉页了，而是变成了单独的一张纸。

忽然一阵风吹过，把纸吹出了门外，飘飘摇摇，竟然落到了江对岸的悬崖峭壁上（江不知道是什么江，山也不知道是什么山）。我赶紧跑出去，爬到山顶上把画捡了回来（我是怎么过江的，又是怎么爬到山顶上的，这些过程一概全无）。虽然我很喜欢先生的书画，可像过去一样，我还是不好意思跟先生开口要，又恭恭敬敬地把它还给了启功先生。先生接过一看，画面上有一大块油污，就想撕掉。我急忙阻止先生，说："您不要就给我吧。我用水泡一泡就能把油污泡掉了。"呵呵，我真傻呀，水怎么能把油污泡掉呢，不是反而会把墨迹泡掉吗？可在梦中我就是这么想的，而且好像真的就是这样。

后来我要走了，可是几次三番地都没走成。后来又有好多事情，可我现在怎么回想都想不起来了。隐隐约约、模模糊糊地就在脑海里，可就是想不起来，想得头都疼了。

不能想启功先生，想起先生眼泪就要流下来了。

对了，昨天是感恩节。我在这个日子梦到启功先生，难道只是一种巧合吗？

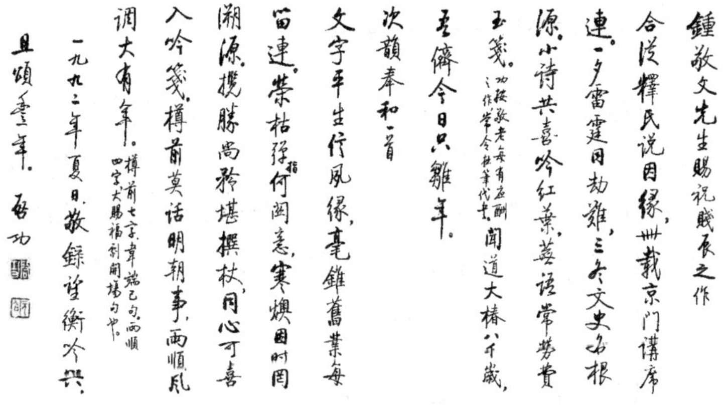
鍾敬文先生賜祝賤辰之作
合從釋氏說因緣，卌載京門講席連。一夕雷霆同劫難，三冬文史各根源。小詩共喜吟紅葉，蕓語常勞費玉箋。（功按敬老每有函酬之作，常令拙筆代書）聞道大椿八千歲，垂憐今日只雛年。
次韻奉和一首
文字平生仗夙緣，毫鋒舊業每留連。榮枯指何關意，寒燠因時同溯源。攬勝尚矜堪撰杖，同心可喜入吟箋。樽前莫話明朝事，雨順風調大有年。（樽前七字，韋端己句。雨順四字，大賜福剎開場句中。）
一九九二年夏日，敬錄望衡吟哄，且頌壽年。啟功

先生手书和钟敬文诗

2013 年 3 月 15 日，星期五

整理旧物，看到启功先生当年为我题签的书名，不禁又怀念起先生来。先生辞世已经八年，而拙著却至今未得面世，愧对先生啊！愿先生在天之灵安宁！

2014 年 2 月 14 日，星期五，元宵节

不知怎的，突然想起恩师启功先生，想起他老人家书赠我的条幅“能与诸贤齐品目，不将世故系情怀”，竟然一发不可收拾，强烈地思念起先生来，往事历历，如在眼前，黯然神伤。

2014年5月13日，星期二

晚饭后去北师大校园散步，特地走到启功先生生前居住的小红楼下。小花园里灯光昏暗，一楼黑着灯，只有二楼客厅有灯光。透过窗户，可以看到墙上挂着先生手书的条幅，上书“静观”二字，想起当年在这里聆听先生谈古论今、与先生谈天说地的情景，仿佛就在昨天，不禁感慨万千，悲从中来。

2014年11月25日，星期二

看到先生的字，仿佛又看到了先生不急不躁、一笔一画认真写字的情景，往事历历如在眼前，思念中。

2015年2月8日，星期日

我曾经反对拍摄电影《启功》，因为跟先生太熟、感情太深，我接受不了一个假启功。可是看了电影《启功》的预告片，我还是受到了很大震动，想起先生的点点滴滴，感极而泣。由此我改变了想法，我认为这是纪念先生、弘扬先生精神的一种很好的做法。今年是启功先生逝世十周年，十年前那个撕心裂肺的日子仿佛就在眼前。我也早就计划写几篇文章，纪念我最敬爱的先生。

2015年3月25日，星期三

记不清是2001年还是2002年了，有位朋友收藏了一把古扇，托我求启功先生写几个字。我买了一些先生爱吃的点心，来到先生家。先生让我把古扇留下，过几天来取。过了几天，我正在江苏南通的狼山上，突然接到先生的电话，说纸扇已经写好了，让我去取。回北京后我就去了先生家，先生把纸扇交给我。我一看，哪是写了几个字啊，而是题写了一首七律！诗曰："江陵自古号雄州。骏足桅樯据上游。楚子北朝隳旧业，孙郎西顾有深谋。人歌下里今传节，史纪他门昔驻斿。但祝安澜天堑阔，彩云白帝下飞舟。"①那时先生已是九十高龄，身体不好，视力接近于零，可以想见写得多费劲。先生家人告诉我：折扇不好写，先生是把纸从扇骨上褪下来，稍稍用水洇湿，压平晾干以后写的。这令我越发感动。我深知这幅题诗无比珍贵，遂复印了一份，留个纪念。如今，先生已经走了十年了，那个朋友也早就没有联系了，唯有这份复印件，还静静地躺在我的书架上，有时拿出来看

---

①此诗的另一版本是《江陵古迹征题》："江陵从古号雄州。骏足桅樯据上游。楚子北朝隳旧业，孙郎西顾有深谋。人歌白雪今传节，史记朱申昔驻斿。但祝安澜天堑阔，彩云白帝下飞舟。"见《启功韵语》，102页，北京：北京师范大学出版社，1996年6月版。

一看，想想先生，想想往事。

2015年3月31日，星期二

昨天去北师大看望Q教授。我上大学时，Q老师教我们书法。我的字拙劣不堪，没有资格和勇气见老师，所以Q老师原来并不认识我，还是启功先生介绍我们认识的。第一次见面，Q老师说：经常听启先生提起您，没想到您这么年轻！Q老师跟启先生一样，待人谦和，彬彬有礼，对我这样的晚辈都是敬语相称。Q老师没有做过启先生的学生，可是他追随先生三十多年，深受先生影响，深得先生真传，无论是为学、为人、为艺，我一直视他为先生真正的弟子。当年先生任中国书协主席时，有人鼓动Q老师也去书协谋个差事。Q老师跟先生说了这件事，本来谈笑风生的先生一反常态地严肃起来，正色道：书协是个名利场、是非窝，去不得，咱们还是好好地教咱们的书、做咱们的学问吧。一语惊醒梦中人。Q老师从此留在学校，教书育人，潜心学问，书艺大进。启先生去世后，我们俩都非常悲痛，参加告别仪式那天在八宝山告别厅外抱头大哭。后来我出版《三读启功》一书，曾得老师谬赞。我请老师题写书名，老师自谦不够资格，建议我集启先生的字，并让学生帮我挑选出来。我从2008年去香港后，与老师七年未见，这次见他变化很大，不胜感慨。我请求老师抽空把他与先生交往的往事记录下来，让先生完美的人格为更多人所知，这是我们纪念先生最好的方式。老师表示年纪大了，身体不好，可能有难度。我说您可以口述，我来记录整理。老师表示可以考虑一下。我对此非常期待！也祝老师健康长寿！

2015年6月5日，星期五

为了撰写纪念启功先生的文章，这几天重读先生著作和我的一些旧作，珍藏在心底的记忆一遍遍被唤醒，一次次热泪盈眶，不能自已，几乎是一边读一边哭，一边写一边哭。我对先生的崇敬和怀念，并没有随着岁月流逝而稍减，反而与日俱增，历久弥深。

2015年6月10日，星期三

我始终认为，启功先生是一个不世出的文化大家，说几百年才出一个一点也不夸张。梁实秋说："一个诗人在历史中是神圣的，但是在你隔壁就是一个笑话。"启功先生的文化价值还远远没被人们认识，因为他离我们太近了。钟敬文先生曾经诗赞启功先生："诗思清深诗语隽，文衡史鉴总菁华。先生自拥千秋业，世论徒将墨法夸。"先生的法书名气太大了，远远超过了他的"主业"。就算是他的书法，其贡献和价值也没被人们真正认识。秦老师曾经开过玩笑:现在收藏启先生的字,有多少收藏多少,若干年后绝对超值数倍。话是玩笑话,但我坚信,若干年后,先生的价值终将为历史所公认。

听了一些人的光荣事迹,愈加敬佩敬爱的启功先生。“世无完人,启功例外。”这句话真不是虚的。我们的学问固然无法与先生相比,我们的人品能有先生的十分之一就不错了。

2015 年 12 月 5 日,星期六

我陪同启先生来到一间很大的屋子里,屋里有很多人,大家纷纷向启先生索字。启先生随手拿起桌上一沓两面都有字的纸——一面印的是启先生的书法,反面是我练习写的字,似乎是挂历纸,把空白处撕成小条就写。当他看到我的字后,连说“罪过罪过”。他一边写一边跟我讲,像这种纸应该用什么笔写才好。我们一直在说话,说了好久,直到醒来。现在脑子里全是梦里的情景,可是说的话却怎么也想不起来了。

2016 年 3 月 26 日,星期六

翻检书柜,看到启功先生签赠的大著,不胜唏嘘!倒数第二张是先生的文章——《人民日报》(海外版)2000 年 3 月 14 日剪报:启功《元代色目诗人迺易之》,我怎么也回想不起来,他为什

么送给我呢？是给我写文章作参考的吗？

2016年7月8日，星期五

昨天跟友人（按：即Q教授）谈起启功先生的书法作品和他的晚年生活，说到后来快流泪了……

2016年9月7日，星期三

夜梦夫子，恸哭而醒。

2019年11月18日，星期一

夜得一梦，太好玩了！趁还没忘，赶紧记下来。我在外面接到启功先生电话，说是为了感谢我帮的什么忙，要给我送点菜来。我连说不用不用，先生不听。挂了电话我就赶紧往回走，快到家时，好像是进了小区吧，远远就看到前方，启先生和他的助手侯刚老师，一人提着、抱着一堆菜，好像还有一盆花，两老头摇摇晃晃地走着。我喊了一声“启先生——”，启先生回头看见是我，扭头就跑。我追上去从二老手上抢过菜来，责备道：“您又不是偷的菜（有一阵子流行一个偷菜的网络游戏，故有此言），跑什么跑?!”哈哈哈哈！

2020 年 2 月 12 日，星期三

补记两个梦：大约是 1 月 27 日夜里做了两个梦。当时武汉疫情特别严峻，没有心情记录。首先梦见启功先生，他老人家坐在轮椅上，要到床上去，但双腿已无法站立，行动不便。我扶着他慢慢起身，挪到床上，伺候他老人家慢慢躺下。这应该是晚年的先生。先生是 2004 年前后坐上轮椅的，2005 年 6 月 30 日去世。后来又做了第二个梦，中午回到家里，发现家里坐着几个朋友（不知道他们怎么进来的），猛然想起，前几天约了他们吃饭的，忘到后脑勺了。没有预订饭馆，临时出去找一家吧。——不对，非常时期不允许聚餐。那就在家做饭吧。——也不行，这么多人一起吃饭也是聚集，也有风险。怎么办？大中午的总不能让人家饿着肚子回去吧？急中生智，有了！打开冰箱，找到两袋速冻饺子，煮了，一人盛一碗，分头吃完，走人！皆大欢喜。

2020 年 4 月 25 日，星期六

《启功先生“不隐恶”》——“纪念启功先生逝世 15 周年系列”之一。年轻时的一段短暂经历，启功先生却记了一辈子，并视之为自己人生道路上的一个污点，以此时时警省自己，这是多么可贵的反省精神！先生宽以待人，严于律己，有古君子之风。

每年的清明节以及6—7月份，我都会深深地缅怀启功先生（6月30日是先生的忌日，7月26日是先生的冥寿），这种怀念之情并未随着时间的流逝而稍减。今年为了准备《仁者启功》一书，我的“怀念季”提前了一个多月。我在整理书稿的过程中，常常被先生的嘉言懿行所感动。我们常说某某某永远活在人们心中，其实真的能够永远让人记住、让人怀念的能有几人？人们为什么怀念启功先生？无他，因为他是一位真正的君子、一位真正的仁者。仁为大地万物之源，君子以仁存心，以礼存心。仁者爱人，有礼者敬人。如果人人都努力做到“克己复礼”，“以仁存心，以礼存心”，那就“天下归仁”矣！一场疫情，展现了人性的善良，也暴露了人心的险恶，越加感到“君子精神”“仁爱精神”的稀缺和可贵。

2020年4月25日，星期日

感谢“华人头条号”转发《启功先生“不隐恶”》。昨天《大公报》刊发时因版面有限，略有删节，这里已恢复原貌。我想说明的一点是：君子之所以为人们所敬仰，不是他们不犯错误，而是敢于认识错误、改正错误。过而能改，人皆仰之。

2020年5月22日，星期五

前天给赵老师打电话请安，问起老师的身体状况，老师叹曰:腿脚不灵便了,眼睛也不行了,左眼完全失明,右眼也看不清了。我说:启先生晚年也是黄斑病变,后来不是做手术了吗?师曰:没有做,黄斑病变没法治。老师近年来研究启先生用力甚勤,他写的《启功评传》是研究启先生的重要成果,我读过多遍,获益良多,还曾经写过评论。老师说,还有好多事情没来得及做,现在想做也做不了了,你这些年一直在坚持研究启先生,希望你继续做下去。很多文化名人生前红红火火,身后冷冷清清。启先生当然不会是这样,但研究启先生的工作得有人做。启先生有那么大的成就,那么优秀的品格,一定要发扬光大。他的诗词,他的画,成就都很大,现在人们还不够重视。我向老师报告,我正在写一篇关于先生诗词艺术的论文。为了纪念启先生逝世15周年,今年我准备出一本新书。本来想请老师给我的书稿把把关的,就不好意思麻烦老师了。老师很高兴,谈兴颇浓,再三殷殷叮嘱。我怕累着老师,只好匆匆结束话题。老师保重!

2020年5月29日,星期五

读侯刚、章景怀编著《启功年谱》,有几处小发现:

一是“1993年6月17日”条下:“下午4时,《光明日报》记者徐可来访。先生再对他讲:以后不再为私人的古字画鉴定、题字。因为前些日子他看了一批字画,都是赝品,可是过了不久,上面都有了他的题跋，说是真迹。傅熹年先生也曾说：在劲松小区的摊上，有许多先生的假字。先生说：'造我的假字与造鉴定字画的题跋不同，伪造题跋是冒我的名义去欺骗别人，我依法保留追究责任的权利。'"准确地说应该是：1993 年 6 月 17 日下午，启功先生约见《光明日报》记者徐可，请他代为发布一则声明。当时商量的结果是：由先生手写一份书面声明，我写一篇文章说明缘由，一起发表在《光明日报》上。但先生身体不好，天天失眠，而且访客不断，事务繁忙，我的文章早就写完了，可那则声明却迟迟没有写出来。后来和先生的助手侯刚老师商量，先把我的文章发出来，就不等先生的声明了。之所以要澄清这一点，是要说明先生是郑重其事专门委托我替他发布声明，而不是在我来访时随便一说的。此事过程，我在《启功请我发声明》一文中有详细记述。我对先生的正式访问只有一次，之后写成《历史不能割断　传统岂容忽视——启功先生答问录》，交给当时的《光明日报》理论部负责人，过了好久都没登出来。在我都快忘了这件事之后，大概过了半年还是一年吧，没有人通知我，却突然登出来了，可是却删去了近一半。原稿早就没了，现在能找到的是报纸发表的那个删节版。

二是先生对钟敬文先生的唱和诗《钟敬文先生惠祝贱辰，次韵奉答》："文字平生信夙缘，毫锥旧业每留连。荣枯弹指何关意，寒燠因时罔溯源。揽胜尚矜堪撰杖，同心可喜入吟笺。樽前莫话明朝事，雨顺风调大有年。”在我所见的各种著作中，均把先生此诗当作对钟敬文先生《祝元白教授85寿辰二首》的和诗（原诗是：“诗思清深诗语隽，文衡史鉴总菁华。先生自拥千秋业，诗论徒将墨法夸。”“长忆敲诗小乘巷，千金一字信吾师。世间酒肉多征逐，俗态纷纷岂足嗤。”）。其实只要看字韵，就知道明显是张冠李戴。可是这么多年都没有人指出这个错误，我也一直没有找到原诗。今天终于在这里找到了，原来是钟先生祝启功先生80寿辰诗：“合从释氏说因缘，卌载京门讲席连。一夕雷霆同劫难，三冬文史各根源。小诗共喜吟红叶，芜语常劳费玉笺。闻道大椿八千岁，吾侪今日只雏年。”真是一个意外的收获。

三是先生在国家图书馆做讲座的时间。“2001年10月28日”条下载：“上午再应国家图书馆的邀请出席‘节日讲座’，讲《沈约四声及其与印度文化的关系》。”这个时间是不准确的。《启功讲学录》记为“2004年10月28日”，显然有误，因为本书早在2004年7月就出版了。我的记忆中是2003年。《在国图听启功先生讲座》一文中曾有说明。

（2020年5月30日整理）

坚净居趣话

启功先生生性幽默，时有妙语，整个一个“老顽童”。据他在《启功口述历史》里“招供”，他在年轻时“就非常淘气，也时常犯点儿坏，心情一愉快，便时常针对时局和学校的一些事编些顺口溜”。我在坚净居听到过他的不少妙语，当时哈哈一笑，也就过去了。事后想想，这些笑话也体现了一个人的性格和人品呢。记录下来，与友好分享，不失为一种享受。有的在我的文章中已引用过，不再列举。

“查无此人，请退回”

启功先生的祖先是清朝雍正皇帝的儿子、乾隆皇帝的弟弟，启功的全名为爱新觉罗·启功。但他在所有的书画、著作、文章和书信中，从未用过“爱新觉罗”这个姓，自称“姓启名功字元白”。偏偏有人给他写信的时候，爱写“爱新觉罗·启功”收，以示尊重。启功先生开始只是一笑，不以为意。后来这种写法的信件来得越来越多，启功先生索性标明："查无此人，请退回。"还说："不信你查查我的身份证、户口本，以及所有正式的档案材料，从来没有'爱新觉罗·启功'那样一个人，而只有'启功'这样一个人，那'爱新觉罗'当然不是我了。"

"你是不是姓阎啊？"

有些客人，为了讨先生欢心，见了面常常喜欢说他还能活十年二十年之类的恭维话。每当听到这些，先生就不高兴地反问："你是不是姓阎啊？"来人不解，问为什么姓阎？先生接着追问一句："只有阎王爷才掌握着生死簿，你如果不是姓阎，怎么知道我还能活多少年的呢？"来人面红耳赤，哑口无言。

"我鸟呼了"

有一次，启功先生冠心病急性发作，病情严重，住院后医生就发出了病危通知单，亲戚朋友们非常担心。经过抢救，老人好转之后不多长时间，便在病床上低声吟诗一首："填写诊单报病危，小车直向病房推。鼻腔氧气徐徐送，脉管糖浆滴滴垂。心测功能粘小饼，胃增消化灌稀糜。遥闻低语还阳了，游戏人间又一回！"第二天，有一朋友打电话来问病情如何，他回答说："我已经

‘乌呼’了。”友人不解其意，他接着哈哈大笑说：“只差一点就‘乌呼’了！”友人这才听懂，也跟着大笑起来。

另有一次在京西宾馆开会，启功先生与几位朋友一起去八宝山为一位故去的友人送别，回来后特别累，就躺在沙发上闭目休息。大伙儿关心地问他：“怎么啦？”先生答曰：“你们就当我现在去世了，来说‘你安息吧’，我立马站起来致答词。”

“胡人”与“胡言”

启功先生外出讲学时，经常听到会议主持人宣布：“下面请启老作指示。”他接下来的话便是：“指示不敢当，本人是满族，祖先活动在东北，属少数民族，历史上通称‘胡人’，因此在下所讲，全是不折不扣的‘胡言’。”依此引申，他写的诗也成了“胡说的诗”了。他在《启功韵语·自序》中“郑重”写道：“我们这族人在古代曾被广义地称为‘胡人’，那么胡人后裔所说，当然不愧为‘胡说’。即使特别优待称之为诗，也只是胡说的诗。”

“岂敢，起哄，启功敬”

启功先生的家人、学生和不少熟人都习惯称他为“启先生”。也有人为表示特别尊重，称他为“启老”。每当此时，先生总要开玩笑曰：“岂敢，岂敢，我叫‘岂敢’，又叫‘起哄’！”有人教他练气功,他幽默地说:“我也在练功,我练的是‘启功’。”

著名书画家黄苗子先生在一篇文章里透露了启功先生的另一个“别名”:“启功敬。”一次,黄苗子得知启功先生为他们夫妇的书画题额时写“启功敬题”,就在电话里抗议说不应用“敬”字。启功先生立刻回答道:“不,不! 我已改名,叫‘启功敬’了。”

“驳倒,驳倒,一驳就倒”

博士生导师,简称“博导”,本来只是一种职业、一种岗位,是高等学校中指导博士生进行学习、写作论文的人员,可是这些年俨然成了一个比“教授”高一档次的职称。启功先生对此深不以为然。先生从教七十余年,桃李满天下,在北师大校园内,常常能碰到他的“徒子徒孙”辈。弟子们爱戴先生、敬重先生,有人为了表示尊敬,见面爱称他为“博导”。先生便言:“老朽垂垂老矣,一拨就倒,一驳就倒,我是‘拨倒’,又是‘驳倒’,不拨自倒矣!”

“有感觉了”

曾有一个自称气功大师的人,发功给启功先生治病。他在离先生十几步的地方张开手掌问:“有感觉吗?”先生摇摇头说:“没有。”他往前走了几步,又问:“这回呢?”先生还是说没有。

他又走前几步,先生还是说没有感觉。最后他把手按着先生的膝盖问:“这回呢?”先生说:“有感觉了。”那人高兴地问:“什么感觉?”先生轻轻点点头说:“我感觉你摸着我的腿了。”

“不急,不急,我真不急”

1999年,启功先生被国务院任命为中央文史研究馆馆长。有人祝贺说:这可是“部级”呢。先生则利用谐音风趣地说:“不急,不急,我真不急!”

话虽是开玩笑,可启功先生对于级别待遇之类确是“真不急”。其实我知道,在这之前,启先生一直就没享受过什么级别的待遇。他在出任中央文史研究馆馆长之后一段时间,才享受到“副部级”待遇,离“部级”还差着一个档次呢。先生一生清贫,粗茶淡饭,不说“富贵于我如浮云”吧,对于什么“部级”“局级”,他何曾“急”过呢?

“哈哈,真好玩!”

2003年12月20日至21日,“启功书法学国际研讨会”在北京师范大学隆重召开,这是近现代中国书坛第一次以书法家个人名字命名的书法学国际研讨会。海内外书法艺术界、文字学界、文物考古学界专家学者300余人与会,并出版了《启功先生书法家国际研讨会论文集》。

会后，我去看望启功先生。说起研讨会收到的论文，先生笑曰："说什么的都有。"他特别提到一篇署名"阿敏"的《俺们不敢学启功》，大笑曰："哈哈，写得真好玩！"

先生去世后，我在网上开设的"启功先生纪念馆"里浏览网友留言，默默流泪。忽然想到：如果先生天上有知，看到网上纪念馆里的这些留言，一定也会大笑曰："哈哈，真好玩！"——想到此，我的心真要碎了！

（2006年4月）

丙

行文簡淺顯
做事诚平恒
启功

启功先生的文化品格

2015 年 6 月 30 日，是启功先生逝世 10 周年纪念日。10 年过去了，那个撕心裂肺的时刻仿佛还在眼前。这 10 年里，我对先生的思念一天也未尝稍减。早在 1978 年，先生 66 岁盛年之时，他就自嘲地写下了那篇著名的《自撰墓志铭》。从那时到现在，30 多年过去了，人们不但没有忘记启功先生，对他的思念和崇敬反而与日俱增。

在人类文明的星空中，繁星璀璨，启功先生无疑是其中光彩夺目的一颗。他在学术和艺术诸领域都卓有成就，为弘扬优秀传统文化作出杰出贡献，而他高尚的文化品格更让人们永远怀念和崇敬。“学为人师，行为世范”，是启功先生为北京师范大学拟定的校训，也是对他一生成就和高尚品格的精确概括。有人说：“世无完人，启功例外。”确实，仁、义、礼、智、信，中国知识分子的传统美德，启功先生几乎无不具备。凡是有机会跟他接触的人，无不为他的人格魅力所折服。

在启功先生生命的最后十几年中，我有幸长期与他亲密接触，深刻地感受到了先生人格的伟大。先生高尚的品德，时时感动着我，教育着我，熏陶着我，成为我一生最重要的精神财富。我曾经在一篇文章里说过："在我到了必须对自己的言行负责的年龄之后，我没有崇拜过任何人，但我从不讳言对启功先生的崇拜。"时至今日，我仍然坚持这一观点。

坚韧：一拳之石取其坚，一勺之水取其净

启功先生生前有一方特别喜爱的古砚，砚上刻着铭文："一拳之石取其坚，一勺之水取其净。"先生多次书写这则铭文，并把自己的卧室兼书房命名为"坚净居"，自号"坚净翁"，可见"坚""净"二字成为他毕生的追求。坚韧如石、纯净似水，可说是先生性格和为人的真实写照。

很多人都知道，启功先生出身皇族，是清雍正帝的第九世孙，可是他一点也没受到皇恩的泽润。由于是降袭制，到他曾祖父这一辈，受封爵位的俸禄已经连养家都不够，只好靠教家馆来维持生活。启功先生刚满一岁的时候，他的父亲就去世了，揭开了家族急剧衰败的序幕；十岁时，曾祖父和祖父又相继去世，家业因偿还债务而破产，他从此就靠母亲和终身未嫁的姑姑抚养。

靠着曾祖父和祖父门生的资助,家庭勉强维持生计。为了养家糊口,启功先生读到中学未毕业便辍学了。

苦难的生活,磨炼了启功先生的意志。辍学之后,他没有消沉,也没有放弃学习。他一边教家馆挣钱贴补家用,一边寻找工作,同时跟随几位老先生,学习中国古典文学,习作诗词文章,练习书画创作。艰难的环境养成了他虚心求教的学习态度,锻造了他刻苦钻研的学习毅力。他不拘一格,师从百家,如饥似渴地学习传统文化,奠定了以后做学问的基础。在漫长的岁月里,无论是当年初出茅庐,还是艰难坎坷的中年时光,抑或后来名满天下时,他从来都没有懈怠过,一生都在学习和思考。他在书画创作、书画理论、书画鉴定、诗词创作、古典文学研究、古代文献学研究、古代汉语研究以及历史学、宗教学、版本目录学等方面都卓有成就,这些成就都不是在课堂上学来的,而是他“东抓一把西抓一把”“抓”来的。

在学术研究和书画创作中,启功先生最可贵的是不盲从前人,更不迷信权威,不懂的东西总要弄个究竟。他敢于怀疑前人的学说,大胆地提出自己的观点。比如,他向溥心畬学画,溥心畬总说“要空灵”,至于怎样“空灵”,他也说不上来。启功先生就一边临摹一边用心琢磨,终于有一天突然明白了“空灵”的道理。再如,关于书法的结字、用笔,元代著名书画家赵孟頫说:

“书法以用笔为上，而结字亦须用功。”这一观点流传了几百年，从来没有人怀疑，可是启功先生通过几十年的实践得出的结论却不同。他认为：“从书法艺术上讲，用笔与结字是辩证的关系。但从学习书法的深浅阶段讲，则应以结字为上。”他经过多年的探索，发现练字的九宫格、米字格并不准确，因为字的重心聚处并不是在格的中心点，而是在距离中心不远的四角处。这一发现令他豁然开朗。认真二字，说来简单，真正做到可不容易。正是由于这种独立思考的精神，他才能独辟蹊径，自成一家。

启功先生是一个认真的人。从十几岁到八十多岁，他天天临帖，几乎从未间断。当浮躁之气充斥书画界，一些人以奇为美、以怪为美、以丑为美的时候，他仍然坚守着自己的美学原则，认认真真、老老实实、一笔一画地写着自己的字。2000 年，88 岁的他发表一万多字的长文《读〈论语〉献疑》，就《论语》中的一些问题提出自己的见解，表现了他对思想史重要问题的思考，在学术界引起很大反响。2003 年 10 月，91 岁高龄、疾病缠身的启功先生，坐着轮椅到国家图书馆，作讲座《沈约四声及其与印度文化的关系》，对中国诗歌韵律来自印度的说法予以反驳。2004 年 7 月，他一口气出版了《启功口述历史》《启功讲学录》等五本书，留下了许多珍贵史料和重要观点。此时距离他逝世已不到一年。他是真正地“活到老、学到老、思考到老”。他是在与时间赛跑，努力给后人多留下一些东西。正是由于这种独立思考的精神，他才能独辟蹊径，自成一家。

为学如此，为人更是如此。启功先生看似随和，一团和气，实际上外圆内方，清正自持，不媚上，不趋势，在原则问题上毫不妥协。抗战胜利后，先生当时所在的辅仁大学一位教授出任北平市教育局局长，看中了年轻有才华的启功，要他去当科长，薪水比他当教师高很多。启功先生当时家里很穷，母亲、姑姑、妻子都靠他微薄的薪水养活，这份工作对他很有吸引力。他犹豫不决，便去请教恩师陈垣校长。陈垣问："你母亲愿意不愿意？"启功先生答："我母亲说她不懂得，教我来请示老师。"陈垣又问："你自己觉得怎么样？"启功先生答："我'少无宦情'。"陈垣听到这里捋着胡子哈哈大笑，说："既然你并无宦情，我可以直接告诉你：学校送给你的是聘书，你是教师，是宾客，你可以摇摇摆摆；衙门发给你的是委任状，你是属员，是官吏，你要惟命是从。你想想，你适合干哪个？"听了老师的话，启功先生不啻醍醐灌顶，立刻起身回家，给那位教授写了一封信，感谢他的器重，婉言谢绝他的邀请。启功先生先把这封信拿给老师过目，老师看后说了四个字："值三十元。"多年后，启功先生谈起此事时说："这'三十元'到了我的耳朵里，就不是银圆，而是金圆了。"

老师的教诲，令启功先生牢记终生。在 2004 年出版的《启功口述历史》中，他郑重地说："在自己的人生道路上，我作出了一次重要的正确的选择，对我来说，这是无价之宝，而帮我指点迷津的恰是陈老师。他指导我怎样正确衡量自己，认识自己，怎样摆正自己的社会位置，选好自己的人生舞台。"在以后的人生道路上，他认真走好每一步，不容自己有任何错失。1957 年，他莫名其妙地被打成右派，并接连被撤销了教授职称、北京市政协常委和九三学社社员的资格，工资也被降了一级，但他没有沉沦。不能上讲台，他就利用劳动改造的业余时间潜心学术研究，撰写了大量的论文和书稿。1964 年，他的第一部学术专著《古代字体论稿》出版，引起学术界的广泛重视。几年之后，史无前例的"文化大革命"猛然袭来，启功先生又被打为"准牛鬼蛇神"，被不断审查，并要接受集中学习和劳动改造，家中也被查封。但在这艰难岁月里，他仍利用运动的间隙和休息时间，反复推敲和修改，酝酿了另一部学术著作《诗文声律论稿》，并在 1977 年由中华书局出版。

改革开放之后，启功先生迎来了"迟到的春天"，他的书法声名日隆，一字千金。先生并没有以此自矜，以书法家自居。凡是向他求字的，他差不多有求必应。特别是一些修理工、服务员，他常常主动赠字感谢他们的劳动。这在客观上也造成了社会上对他的字太"滥"的非议。而先生毫不介意，因为他本来就不像有的人那样拿字卖钱。曾经有这样一件往事:20 世纪 90 年代初,国家文物鉴定委员会在山东蓬莱召开年会。启先生事先就嘱咐随行的工作人员:“咱们到了那儿,光写字不开会不行,光开会不写字人家也不会饶了咱们。怎么办呢?咱俩提前三天走,到那儿提前把字写出来。谁求字,你登记一下。到时候一落款,齐活儿。这样开会、写字两不误。登记时,你掌握两条:一是求字的人没有高低贵贱之分,尤其服务员、办事员,只要张嘴,咱们就送;其二,属于领导干部的必须本人亲自来要,秘书、办公室主任或其他人代求的一律不给。这样做不是有什么目的,咱们是避嫌。避行贿之嫌,避拍马之嫌。”在三天时间里,各种尺寸的字启功先生写了 130 多幅,都可以办个书展了。就这样,还不够,所以在会议间隙,启先生又写了一些。有一次,在先生落款签章时,当地一个人惊叹:“好家伙,这得值多少钱啊!”先生没言语,只用眼瞄了他一下。这一眼,可谓意味深长。

先生对普通人如此谦和,可是对一些趾高气扬不可一世的权贵就不假以辞色了。先生曾经给我讲过两个真实的故事。一次,一位商人向他求字,说要制成匾挂在几十层的楼上。先生问他干什么用,说是给一个酒家写的。启功先生问:酒家有没有经济效益?答曰有。启功先生问:你们有经济效益,我要不要经济效益?来人问他要多少钱,并拿出一沓钱给他。启功先生说:你没有诚意。你如果有诚意,不等我问,就应该主动提出报酬的事。哪怕是两毛钱,那也是你的诚意。等我问你了,再多的钱也不是你的诚意。今天就教教你什么叫诚意。还有一次,一位自称空军首长秘书的人来替首长索字,态度蛮横。启功先生缓缓问道:“我要不写,你们首长会不会派飞机来炸我?”那人没想到他会这么问,赶紧回答:“那当然不会。”启功先生说:“那我就放心了。你走吧。”①先生给我讲完这些故事后感叹道:“你说这都是什么人呢,能把你的鼻子给气歪了。”

对于原则问题,先生从不苟且。1993 年,他发现有人假冒他的名义,对古书画作品进行鉴定,造成书画市场的混乱。对此,老先生非常愤怒。当年 6 月 17 日,他专门约见我,委托我代他发表声明:“从今以后,启功不再为任何个人收藏的古字画鉴定真伪,凡有以‘启功’名义在个人收藏的古字画上题签的均为假

①在赵仁珪著《启功评传》中,关于此事有更为准确而详尽的记载:“一次,敲门声起。开门,一军人自我介绍,说是空军司令部的,某首长派他来,请启老写字。启老满脸堆笑地说:‘好的,好的,一定写,写什么,怎么写,把信件放我这儿,过几天写好就送过去。’军人说:‘首长希望现在就写。’启老说:‘这两天实在不得空,容我过一两天吧。’军人说:‘首长说了,有急用。’启老敛了笑容,说:‘我能请问您一个问题吗?’军人说:‘当然可以。’启老说:‘如果我今天不写,今后也不写,你们首长会派飞机轰炸我吗?’军人怔着了,说:‘您您您,哪能呢?您老真会开玩笑。’启老说:‘不会炸我吧?那您就告诉你们首长三个字:我不写。’”《启功评传》,116 页,北京:北京出版社,2017 年 7 月版。

冒，概与本人无关。凡以我的名义欺诈别人的，属于犯罪行为，我要保留追究刑事责任的权利。”

启功先生是出了名的好脾气，世人皆知“启功不打假”。可是，2004 年，启功先生却罕见地发了一次大脾气。那是当年 1 月 8 日，在北京某拍卖公司举行的春季书画拍卖会上，有一位和尚提供了 25 幅落款为“启功”的书法作品参加拍卖。这些作品经启先生亲自鉴定，均为赝品，启先生明确表示：“我不认识这个和尚，也从没有给他写过字。”但拍卖公司对启先生的话置若罔闻，居然照拍不误，最后 22 幅作品成交。启先生对此十分生气，他在接受记者采访时说：“假冒我的字画满处都是，但我从来没有为此公开说过半句话。这一次，我太气了！”启先生反复强调：“谁都会有失察的时候。我不懂拍卖行里的规矩，也不懂法律上的有关条款，但是我相信，对于冒充、假造的行为总该有法律能制裁他！我想提醒买字画的人们一定要多看看。像这次拍品中，有两幅内容完全一样，只是落款处相差整整一年。我从来没有这样写过东西，不可能有这样的作品，明白人一看就知道。琉璃厂地摊上卖我的假字画的多了，就为糊口谋生，我不打人家这个假。可今天这样的，大批量地被所谓与大书画家有交情的人拿出来拍卖，其实是为私欲搞欺骗，我觉得是无耻到了极点！”①一向温文尔雅的启先生第一次说出这样的重话，可见他是愤怒到了极点。

启功先生从不随波逐流、随声附和、人云亦云。他晚年虽然很少出门，但对社会上好多现象都很了解，也有自己独立的看法。有一段时间，有的人对一位重要人士的字有一些议论。有一次我问他，这位人士的字到底怎么样？启先生认真地回答：他是有家学渊源的，是真懂书法的，有功底。在众声喧哗时，启功先生不怕被人误解，没有随声附和，而是实事求是，敢于坚持自己的独立见解。

净，还体现在先生对自己的无情解剖和严格要求上。1938年，启功先生失业后，为生活所迫，经他的一个长辈介绍，曾短暂在伪华北临时政府行政委员会里做过一个小小的助理员，负责校对档案存卷，一月能挣三十元，干了三个多月，就找了个借口辞职了。这三个多月成了他心中永远的痛与悔。为此他一直深深自责，视为自己人生道路上的一个污点。中华人民共和国成立后，启功先生主动向陈垣校长坦白了这件事，陈校长听了，只说了一个字：“脏！”这一个字，启功先生记了一辈子，并且郑重地

---

①赵仁珪：《启功评传》，122页，北京：北京出版社，2017年7月版。

写进了《启功口述历史》中："就这一个字，有如当头一棒，万雷轰顶，我要把它当作一字箴言，警戒终身——再不能染上任何污点了。"在自己的回忆录里，启功先生不惜自曝其丑，没有掩饰自己，更没有美化自己，这不但是"不为尊者讳"，而且是"不为自己讳"了。

启功先生光明磊落，胸怀坦荡，从来都不屑于做那些见不得人的苟且之事。"文革"后期，北大教授魏建功、周一良参加了"梁效"大批判组[①]。"文革"结束后，他们分别收到一封匿名信，写着"迷信武则天"和"无耻之尤"几个大字，而信封上则写着"某某某道兄启"。他们研究后认为是启功先生改变字体写的，魏建功一气之下便把启功先生原来赠给他的画撕了，而周一良也在《毕竟是书生》一书中暗指此事是启功先生所为。启功先生听说此事后，大为惊讶。他说："这肯定是误会。周一良那时参加了'梁效'的大批判组，如果那时师大让我参加大批判组，我还会感到光荣，因为对我不是敌我矛盾了，我怎么能给他写那样的信呢？""再说信封上写'道兄启'，说明写信者与收信者是'同道'，写信者不也要被骂为'无耻之尤'了吗？周先生不辨此理，还写到书里，真的'毕竟是书生'啊！"后来有人将此话传达给周

①"梁效"为"两校"谐音，因主要成员来自北京大学、清华大学而得名。

一良，他才恍然大悟。他专门写了一篇文章，澄清了当初对启功先生的误会。其实，启功先生为人通达宽厚，他不但不会做背后捅刀子、落井下石的事情，而且将心比心，理解对方在特殊时期的一些行为，并不把自己置于道德高地对别人进行审判。

旷达：能与诸贤齐品目，不将世故系情怀

认识启功先生的人都知道，先生幽默，诙谐，达观，开朗。先生经常说："小孩子有句顺口溜：'手心手背，狼心狗肺。'我是'手心手背，没心没肺'。"启功先生天生就有幽默诙谐的性格，加之具有大智慧，看透人情世故，所以能以旷达通脱的态度对待人生的遭际和苦难。这一点与苏东坡颇为相似。苏东坡一生三贬，逆境多于顺境，但他始终保持乐观的生活态度和达观的宽广胸怀。启功先生也是这样，他"幼时孤露，中年坎坷"，几十年的风云变幻，饱尝忧患，其间的委屈与苦难是旁人所难以想象的。可是，他却能够超然对待人世间的荣辱冷暖，始终保持着自信、自爱和自尊，保持着一颗乐观辽远的赤子之心。他以幽默而闻名，一张慈眉善目的脸上，总是如同弥勒佛一般堆满了笑意，单纯而包容。

在"文革"的荒唐岁月里，先生刚刚摘掉右派的帽子不久，又被打为"准牛鬼蛇神"，一天到晚不断地接受审查，接受集中学习

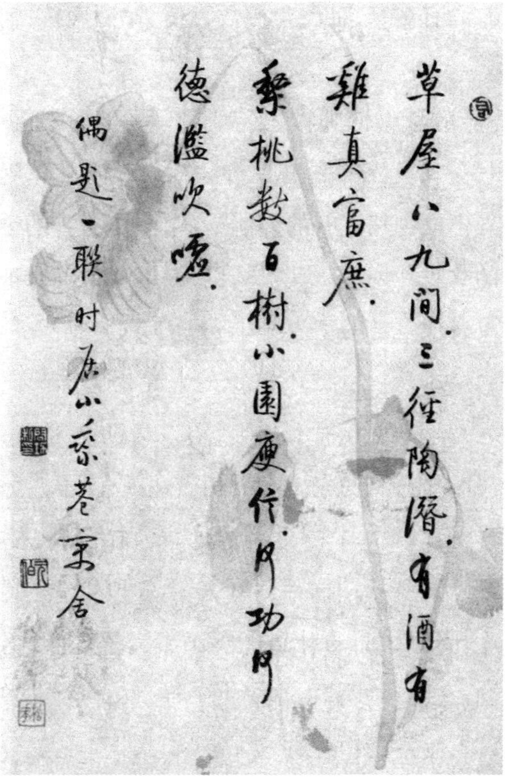

先生手书“草屋八九间”

和劳动改造，家中也被查封。老伴和亲人都为他的精神状况而担心，但他却一如既往地微笑：“你们放心，我事情忙着呢，没时间琢磨自杀！”安慰完亲人，他挥笔写下一副对联：“草屋八九间，三径陶潜,有酒有鸡真富庶;梨桃数百树,小园庾信,何功何德滥吹嘘。”①

启功先生的法书博师古人,典雅挺秀,美而不俗,在当代书坛独树一帜,受到业界的高度评价和社会大众的广泛喜爱。可是,也有些人不以为然。有的说他是“馆阁体”,有的说他写得太滥了,还有的拿收费说事。其实,启功先生从来没有把自己的字当回事,更没有把自己的字当作牟利的工具。他菩萨心肠,来者不拒,天天为众多认识的或不认识的人无偿劳动。他的劳动所得,都交给了学校,或者捐了出去,用以帮助贫困家庭、寒门学子。面对各种议论,启功先生一贯相当达观,毫不在意:“我不在乎别人称我什么‘馆阁体’,也不惜自谑为‘大字报体’,反正这就是启功的书法。”“开门撒手逐风飞,由人顶礼由人骂。”

“您一生历经坎坷,为什么能够不失赤子之心,仍然保持着乐观向上的心态呢?”我曾像很多人一样,好奇地问过启功先生。他答道:“人的一生主要是‘过去’和‘未来’,‘现在’很短暂,已经过去的事,还想它做什么?要多想未来。我幼年丧父、中年丧母、老年丧妻,没有子女,但很舒服,什么牵挂都没有了!当右派

---

①启功:《偶题一联,时居小乘巷寓舍》,《启功韵语》,插页,北京:北京师范大学出版社,1996年6月版。

不许我教书，我因祸得福，写了许多文章……幸亏有那么多曲折，让我受到了锻炼。我最反对温习烦恼，自找不痛快干什么！”先生提倡向前看，这是看似浅显却很难做到的真智慧，然而，先生确是真正地做到了。

启功先生书法出名后，社会上仿冒者众，北京潘家园还有专门批发的。有一次他来到一家专卖“启功书法作品”的铺子，一件一件看得挺仔细。有人问他：“启老，这是您写的吗？”启功先生微微一笑：“写得比我好！”在场的人全都大笑起来。过了一会儿，他又改口了：“这是我写的。”有人开玩笑说：启先生养活了一代人。心善如佛的启先生说：“人家用我的名字写字，是看得起我。再者说了，他一定是生活困难缺钱用，我干吗要打破人家的饭碗呢？他要是来跟我借钱，我不也得借给他吗？”他还撰文称赞明代文征明、唐寅等人的美德，说当时有人伪造他们的书画，他们不但不加追究，反而在赝品上题字。这样，那些穷苦小名家可以多得几吊钱维持生活，而有钱人买了真题假画，损失也大大减小。这种观念虽然不符合知识产权保护法，却体现了启先生一贯的仁者情怀。

启功先生晚年身体不好，疾病缠身，饱受折磨，非常痛苦，可他却能以幽默来化解病痛。他曾因心脏病多次住院，他就笑对人说：“嗨，我的心坏了坏了的！”他的很多诗词都是在病中写成的，也有很多诗词是以“生病”为题材的。有一次，先生心脏病突发，送入医院抢救，并下了病危通知单，众人都替他担心。可他醒来后，却在病床上吟起诗来：“填写诊单报病危，小车直向病房推。鼻腔氧气徐徐送，脉管糖浆滴滴垂。心测功能粘小饼，胃增消化灌稀糜。遥闻低语还阳了，游戏人间又一回。”

幽默，不止是一种性格，更是一种自信，一种修养，一种胸怀，一种境界。先生的无所畏惧，缘于看淡生死、不计名利，缘于性格的洒脱和心胸的豁达。“宠辱无惊希正鹄”，“何必牢骚常满腹”，这是他一生对自己的要求，也是规劝世人的殷殷期望。有一位先生，当年随着“反右派”的批判大潮，参加了多次批斗启功先生的活动，下手不可谓不狠。风潮平息后，他出于自责处处躲着先生。当后来再见面时，还未等他“深刻反省”，启先生就忙着安慰他，替他开脱：“陈年老事别放在心上，那个时候就好比在演戏，让你唱诸葛亮，让我唱马谡，戏演完了就过去了。”开阔的胸襟，竟至于此，令闻者无不动容。

大爱：万点松煤写万松，一枝一叶报春风

启功先生在成长的过程中，得到了很多人的关怀和帮助。他始终铭记着别人对他的恩惠，当他有能力回报的时候，他不遗余力地报答那些帮助过他的人，并把他的大爱洒向社会，尽力帮

助那些需要帮助的人。

“万点松煤写万松。一枝一叶报春风。轮囷自富千春寿，更喜阳和日正东。”①这是他为陈垣老师祝寿而写的诗。陈垣是启功先生人生中最重要的一位恩师，无论是对他的为人还是为学，都产生了深远的影响。启功先生终生不忘师恩，努力回报师恩，并用实际行动传承老师爱国爱民、心忧天下的精神。1980年，北师大为了纪念陈垣校长一百周年诞辰，决定在全国政协礼堂隆重举行纪念大会，启功先生主动承担起写会标的任务，每个字直径一米左右。当时他住在小乘巷，住房很小，家中也没有写大字的抓笔。年近七旬的老人就把四尺整张的宣纸铺在不足两平方米的地上，把毛巾团起来制成一支特殊的抓笔，跪在地上书写。在一旁帮助扶纸的学生感动地问：“先生怎么下跪了？”他回答：“给老师下跪有什么不应该呢？”由于房间小，他只能写一张晾一张，然后再写下一张。就这样，“纪念陈垣校长诞生一百周年”十二个大字，整整写了一个上午。

对老师如此，对给予过他帮助的其他人同样如此。吴镜汀、

---

①启功：《扇上写青松红日为励耘师寿》，《启功韵语》，19页，北京：北京师范大学出版社，1996年6月版。该诗另一版本为《题万松图》：“万点松煤写万松，一枝一叶报春风。轮囷自富南山寿，喜值阳春日正东。”《启功题画诗墨迹选》，1页，北京：北京师范大学出版社，2004年7月版。

溥雪斋、溥心畬、傅增湘，牟润孙、台静农、余逊、柴德赓……对这些前辈和朋友，启功先生都是竭尽所能地予以回报。懂得感恩，是做人的一个基本要求，可是很多人连这个基本要求都做不到。启功先生终生对社会、对亲人、对师友怀着感恩之心，更为难得。

启功先生对亲人怀着深厚的感情。在他的诗集中，收有多首怀念亲人的作品。先生对亡妻的感情尤其令人感动。妻子去世之后，启功先生在极度的悲痛中写下了催人泪下的《痛心篇二十首》，以极朴素的语言表达了他与老伴之间生死相依的深厚感情："君今撒手一身轻，剩我拖泥带水行。不管灵魂有无有，此心终不负双星。梦里分明笑语长，醒来号痛卧空床。鳏鱼岂爱常开眼，为怕深宵出睡乡。"

启功先生还把他广博无私的爱洒向社会，帮助了无数需要帮助的人。他对国家和民族抱有一颗热诚的赤子之心。他曾经担任多个社会职务，以饱满的热情、认真负责的态度，参政议政，参加各种社会活动，为完成祖国统一大业和中外友好合作，奔走往来于友邻国家和港澳地区，为传播中华传统文化作出了突出贡献。

他还以一颗博爱之心、忧世之心，密切关怀着国家的发展建设，关注着人民的生活疾苦。每当一些地方发生重大灾难，他都踊跃捐款,积极参加赈灾义卖活动。他多次捐款,资助贫困学生。改革开放后,很多贫寒的学生考入北师大,生活相当困难,启先生得知后十分焦虑,决心用自己的力量帮助他们,便于1990年在香港举办书画义卖,筹集资金160余万元,设立“励耘奖学助学基金”,激励学生继承和发扬陈垣先生的爱国主义思想及辛勤耕耘、严谨治学、奖掖后学的精神。2001年9月,全国第一个大学“宏志班”——北师大励耘实验班开班,启功先生将自己所得的“中国书法艺术终身成就奖”8万元奖金悉数捐出,资助30名品学兼优而家境贫寒的学子完成学业。执教70年的启功先生,究竟为贫困生付出了多少?在这样的疑问面前,他总是淡然地摆摆手说:“记不清了。”

别人给自己的恩德永远铭记在心,并且终生回报;自己对别人的帮助却“记不清了”。这就是启功先生,一位德才超群、堪称楷模的仁者和智者。

(2015年6月)

启功先生的打油诗(外一篇)

世人皆知启功先生是书画大家,也是学问大家;很多人不知道的是,他还是一位高产而优秀的诗人。这也难怪,启先生在书法上的名气实在太大了,以致掩盖住了他在别的方面的成就。其实,先生的成就是多方面的。就说诗词创作吧,他在古典诗词上用力很勤,“从十几岁学作仄仄平平仄仄的句子开始”,一直到九十多岁高龄,七十多年间笔耕不辍,成为当代古典诗坛上的泰斗之一。先生的诗词作品,功力深厚,风格鲜明,完美地利用了古典诗词的固有形式,又充分体现了新时代的创造特点,在继承传统与创新发展的结合上树立了很好的典范。

先生一生写下的诗词作品不计其数,结集问世的只是很小一部分而已。他生前出版的有《启功韵语》《启功絮语》《启功赘语》,还有以诗歌形式谈论书法艺术的《论书绝句》。其中《启功絮语》,以先生手写小楷影印,既免排字工人手植之误,又得欣赏先生法书风采，读字读诗，一举两得。《论书绝句》更以先生手书论书绝句一百首、论书札记二十余则以及历代书法名迹一百多幅制版精印，真是美不胜收，令人爱不释手。承蒙先生错爱，每有新著出版，总会惠赠予我。持归夜读，喜爱不已。经常放在枕侧，带在身边，细细品味。每到兴会之处，都忍不住像先生那样，拍着大腿，竖起大拇指，慨然叹曰："嗳，写得真好啊！真好啊！"

我之喜爱先生的诗，说白了，就是因为他的诗我能看懂。以我的愚见，启功先生的诗和他的人一样，大雅大俗，至俗至雅。启先生的雅，那是不消说的。学问大家，书界泰斗，高山仰止，景行行止。但如果你有机会与他接触，你会发现，原来他也是一位俗人，跟我们一样的俗人，也有着跟我们一样的乐趣和烦恼。他说的都是大白话，从不掉书袋，还喜欢开一些"有伤小雅"的玩笑。可是当你跟他接触久了，深了，他那骨子里的"雅"就会自然而然地显露出来，令你由衷地产生"高山仰止"的感觉。

启先生的诗也是这样。失眠、害病、吃烤鸭、挤公共汽车……我们在生活中都曾经亲历并习以为常的事物，在他的笔下都能入诗，读起来那么亲切、有趣，令人忍俊不禁。"乘客纷纷一字排，巴头探脑费疑猜。东西南北车多少，不靠咱们这站台。坐不上，我活(作平)该。愿知究竟几时来。有人说得真精确，零点之前总会开。”[1]这样的经历，我们多少人都有过，可谁想过这也能入诗呢？有谁想过诗也可以这样写呢？

启功先生为人幽默达观，反映在诗词中就是庄谐并出，他能把痛苦的生命体验变为诙谐幽默的一篇篇诗作。先生晚年，多次因心脏病发作被送进医院抢救，有几次医院都下了病危通知单，这些经历和体验都成为他创作诗词的题材。

然而，读者诸君千万不要以为启功先生当真“没心没肺”，只知道幽默搞笑。启功先生的诗是需要慢慢品的，当你读了一遍、两遍、三遍……细细品味，你会发现，那些原本平常的事物，在他的笔下已具有了特别的意义。在你笑过之后，鼻子又忍不住发酸，甚至流下泪来。有一次启功先生突发心脏病送医院急救之际，忽然眉开眼笑，吓得医护人员以为他“神经错乱”。原来他在迷糊之中想起亡妻生前与他打赌，说她去世之后他一定会再找对象，然而自己至今未再娶，已经彻底赢了，故而露出笑颜。事后启功先生据此写了一首长句《赌赢歌》，看似放浪不羁，实则心酸凄楚，字字皆血。就说那轻松、幽默的《鹧鸪天八首·乘公共交通车》吧。先生不厌其烦地写下了从等车、挤车到乘车、下车

①启功：《鹧鸪天八首·乘公共交通车》之一，《启功韵语》，71页，北京：北京师范大学出版社，1996年6月版。

的全过程，几乎让你从头笑到尾。可当你读到“门有缝，脚无跟。四肢着地眼全昏。行人问我寻何物，近视先生看草根”时，想象一位白发老翁摔倒在地动弹不得的情形时，你还能笑得出来吗？再如那首著名的《自撰墓志铭》，用 72 个字概括了自己的一生。很多人把它看作自嘲之作，可我却视之为一篇辛酸的人生总结，每次读它，心里总是沉甸甸的。

在外人看来，先生一生功成名就，名满天下，应该是没有什么遗憾的了。其实他历经坎坷和磨难，幼年丧父，中年丧母，晚年丧偶，心底有说不出的苦和痛。先生给人的，永远是幽默、快乐，其实他内心是沉重的、严肃的。家庭状况改善了，可亲人们却无缘享用，“子欲养而亲不待”的痛苦始终纠结在他心头，挥之不去。“酒酽花浓行已老，天高地厚报无门。吟成七字谁相和，付与寒空雁一群。”在先生晚年的诗词中，这种欲报无门的愧疚是一个重要主题，他觉得自己的一点点享受都是对亲人的亏欠。

不过，启功先生并不将自己的诗称作诗，他以其一贯的幽默，名之曰“胡说”：“这些语言，可以美其名曰‘诗’。比较恰当，实应算是‘胡说’。”“我们这族人在古代曾被广义地称为‘胡人’，那么胡人后裔所说，当然不愧为胡说。即使特别优待称之为诗，也只是胡说的诗。”（《启功韵语·自序》）在《启功絮语·自序》中，先生更不讳言其俗：“但这册中的风格较前册每下愈况，像‘赌赢歌’等，实与‘数来宝’同调，比起从前用俚语入诗词，其俗更加数倍。”在别的场合，先生则多次自称其诗是“打油诗”。“蛇来笔下爬成字，油入诗中打作腔。自愧才庸无善恶，兢兢岂为计流芳。”（《启功韵语·失眠三首》）先生自然是自谦了，不过在其“胡说”中我们读到的却是真诚。其实，“胡说”也好，“打油”也罢，一首诗能写得明白如话，让人爱读，让人读懂，有什么不好的呢？难道非要写得佶屈聱牙，莫测高深，云山雾罩，让人不知所云，那才算是好诗吗？

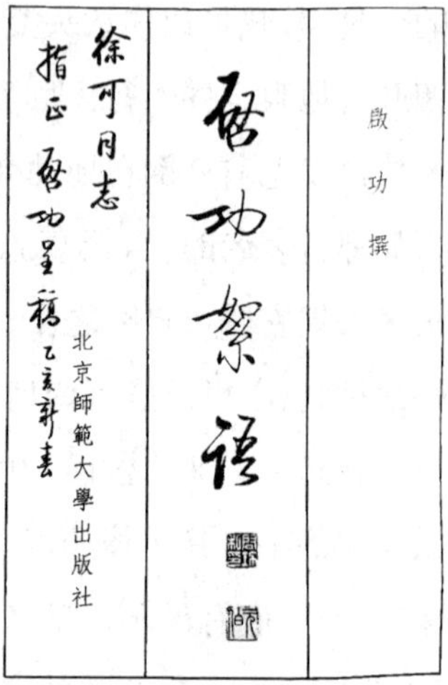

先生题赠作者《启功絮语》书影

谈谈打油诗

写完《启功先生的打油诗》，意犹未尽，再来约略谈谈打油诗。

启功先生自称其诗是“胡说的诗”，又说是“打油诗”。什么是“打油诗”？《现代汉语词典》“打油诗”条这样写的：“内容和词句通俗诙谐、不拘于平仄韵律的旧体诗。相传为唐代张打油所创,因而得名。”

张打油何许人也？史书不详,难于查考,估计不会是社会名流或达官贵人。据宋代钱易《南部新书》记载:唐代“有胡钉铰、张打油皆能为诗”。明代文学家杨慎在《升庵外集》中说:“张打油好以俚俗为诗。”我能查到的关于他的介绍,就这两句;至于他的身份？职业？无从得知。张打油的出名,完全是由于他的诗;而他的诗却不登大雅之堂,《全唐诗》之类正统诗选自然不会收录,只能从一些野史笔记和诗话小品中略有所闻。张打油最有名的作品,莫过于那首《雪诗》。诗曰:“江上一笼统,井上黑窟窿。黄狗身上白,白狗身上肿。”全篇没有一个“雪”字,都用俚语俗句,却把雪景描写得十分形象、逼真。语言明白如话,幽默生动,令人叫绝。

在清朝人的笔记小品中,记有张打油作诗的趣闻。有一位参知政事,在其议政厅后建了一堵粉壁。一日大雪,参政升厅议事,看到粉壁上题有一首诗:“六出飘飘降九霄,街前街后尽琼瑶。有朝一日天晴了,使扫帚的使扫帚,使锹的使锹。”参政大怒,问道:“何人大胆,敢污吾壁?”左右以张打油对,簇拥至前,答以:“某虽不才,素颇知诗,岂至如此乱道？如不信,试别命一题如何?”当时南阳正被叛军包围,守军驰信请兵救援。参政即以此事为题,命作诗一首。张打油不假思索,开口吟道:“天兵百万下南阳。”参政见其出语不凡，喝彩道：“有气魄！壁上定非汝作。”并急令他续下去。张打油接着吟道：“也无救援也无粮。有朝一日城破了，哭爷的哭爷，哭娘的哭娘。”参政将此诗同粉壁上的题诗一对照，格调一样，如出一辙，哭笑不得，只好放了他。张打油从此远近闻名。

因为张打油的诗别有风趣，后人就把这类以俚语俗句入诗、不讲究平仄对仗的诗称作“打油诗”。由于打油诗内容和词句通俗诙谐，对韵律要求不高，便于学习和口耳相传，颇为人民大众所喜爱，所以数百年来不绝如缕，成为民间文化的一朵奇葩。后代无论文人雅士还是布衣白丁，都喜欢吟几句打油诗。一个生平不详的普通人竟然成为一种诗体的鼻祖，后人并且以他的名字来命名这种诗体，这也可算是一个空前绝后绝无仅有的奇迹了。就算李白、杜甫这样的大诗人，他们在文学史上的成就和地位不知高出这位来历不明的张打油多少倍，却无缘享受如此殊荣，可见“高手在民间”这句话真的是不无道理。

张打油因为几句胡诌的歪诗而暴得大名，可是在相当长的时期内，“打油诗”被视为旁门左道，是不为正统文人所接受的。元人周德清在《中原音韵》中，把“不讲韵律平仄者”，讥为“张打油乞化出门语”，要求“作者当以为戒”。这句话翻译成白话文就是：这是张打油出门乞讨唱的，你们千万不要学！这位周先生骂人可够狠的,还不带脏字。明人李开先在《词谑》中也说:“诗词但涉俗鄙者,谓之‘张打油语’,用以垂戒。”

打油诗虽然粗俗、直率,难登大雅之堂,然而,与典雅的文人诗相比,打油诗更为通俗活泼,妙趣横生,令人解颐,所以后来很多文人雅士也喜欢写写打油诗。宋代大文豪苏东坡就写过不少打油诗,他的《於潜僧绿筠轩》可以说广为人知:“可使食无肉,不可居无竹。无肉令人瘦,无竹令人俗。人瘦尚可肥,人俗不可医。旁人笑此言,似高还似痴。若对此君仍大嚼,世间哪有扬州鹤?”这首诗的机智幽默,正反映出诗人的生活态度。周作人曾经说过:“思想文艺上的旁门往往比正统更有意思,因为更有勇气和生命。”这可能正是不少文人喜欢打油诗的原因吧?在现代作家中,周作人的打油诗可谓炉火纯青,他的《五十自寿诗》恬淡旷达,充满禅意,堪称极品。诗曰:“前世出家今在家,不将袍子换袈裟。街头终日听谈鬼,窗下通年学画蛇。老去无端玩骨董,闲来随分种胡麻。旁人若问其中意,且到寒斋吃苦茶。”“半是儒家半释家,光头更不着袈裟。中年意趣窗前草,外道生涯洞里蛇。徒羡低头咬大蒜,未妨拍桌拾芝麻。谈狐说鬼寻常事,只欠工夫吃讲茶。”这两首诗甫一问世,和者甚众,竟至掀起一场风波。

打油诗发展到现代,在内容和题材上发生了重大变化,开始反映现实,针砭时弊。针对当时国民政府要人各怀鬼胎却伪装正经的嘴脸,鲁迅曾经写过一首打油诗《南京民谣》:“大家去谒陵,强盗装正经;静默十分钟,各自想拳经。”对此进行了辛辣的讽刺。他还写过一首白话版的打油诗《我的失恋——拟古的新打油诗》,模仿东汉张衡的名作《四愁诗》,讽刺当时泛滥一时的失恋诗。

当代不少著名诗家都爱写打油诗。翻译家杨宪益曾以“学成半瓶醋,诗打一缸油”来自嘲。书画家黄苗子、诗人邵燕祥都有打油诗集面世。据说黄苗子家的书房门口有一副对联:“春蚓爬成字,秋油打入诗。”与启功先生的“蛇来笔下爬成字,油入诗中打作腔”有异曲同工之妙。可惜没有亲见,诚为一件憾事。

话说回来。“胡说”也好,“打油”也罢,并非一味地胡闹,没有规矩。启功先生在《启功韵语·自序》中说:“我这些胡说的语言,总舍不得抛掉‘韵’,我所理解的韵,并不专指陆法言‘我辈数人,定则定矣’的框框,也不是后来各种韵书规定的部属,只是北京人所说的‘合辙押韵’的辙和韵,也就是念着顺口、听着顺耳的‘顺’而已矣!”与那些音韵、对仗、平仄都不讲究,却一概称“绝”道“律”的“诗人”相比,启功先生真是坦率得近乎天真了。

(2016 年)

启功先生的寂寞

2005 年 6 月 30 日，当代著名书画家启功先生逝世后，他的朋友、著名历史学家何兹全在挽联中写道：“外幽默，内寂寞。”

启功先生的幽默是出了名的。比如，有人问他近来身体如何，他回答道：“我鸟乎了。”旁人不解何意，他进一步解释道：“差一点就‘乌乎’了。”这一类趣话不胜枚举，流传甚广，令人捧腹。他的脾气又好，所以小小的坚净居，成天宾客盈门，笑语不断。他常说：“我是‘手心手背，没心没肺’。”这样的人怎么会寂寞？何兹全说他“内寂寞”，岂非不通？

其实不然。何兹全此语，正是至交之语。启功先生给人的，永远是快乐，可是他内心其实是藏着大寂寞、大悲哀的。他曾经写过一首怀念亲人的诗《中宵不寐，倾箧数钱，凄然有作》，从这个标题中，就可以看出他内心的凄凉。诗曰：“钞币倾来片片真。未亡人用不须焚。一家数米担忧惯，此日摊钱却厌频。酒酽花浓行已老，天高地厚报无门。吟成七字谁相和，付与寒空雁一群。”这首诗，可以说是他内心深处大寂寞、大悲哀的真实写照。人们往往只看到他乐观幽默的一面，而有意无意地忽略了他寂寞伤痛的一面。

李白诗言：“古来圣贤皆寂寞，唯有饮者留其名。”寂寞人人都有，圣贤伟人尤甚。那些伟大的人物，他们被光环笼罩着，被万人景仰着，似乎是令人羡慕的；可是他们内心的孤独寂寞却不为人所知。而且，越是身处高位，内心越是寂寞。因为他们只能俯视人间，而很少有平等对话的对手或伙伴。何兹全说启功先生“外幽默，内寂寞”，我理解也有这样的含义在。

在不同的人身上，寂寞会发挥不同的作用。对于意志薄弱者来说，寂寞是一份负担，成为他消极堕落的借口；对于意志坚强者来说，寂寞是一份财富，成为他积极进取的动力。

所以，千万不要“嫌弃”寂寞，说不定它是成就伟大人物、伟大事业的“催化剂”呢。王国维说，古今之成大事业、大学问者，必经过三种之境界。“昨夜西风凋碧树，独上高楼，望尽天涯路。”此第一境也。“衣带渐宽终不悔，为伊消得人憔悴。”此第二境也。“众里寻他千百度，蓦然回首，那人却在，灯火阑珊处。”此第三境也。欲成大事者，必须耐得住寂寞，在寂寞中寻求生命的真谛。古往今来，那些成功者无不是甘于寂寞，耐得住寂寞的。

他们在寂寞中磨炼意志、砥砺品格，从而走向成功。

启功先生长期遭受磨难，后又经历丧失亲人之痛，晚年生活孤独。可是他没有消沉沦落，没有回味痛苦，没有怨天尤人，而是在寂寞中保持自我，在寂寞中参悟世事，在寂寞中坚强隐忍，终成一代大家。

在他的身上，寂寞不是一种负担，而是一份财富，激励他一步步走向成功。这一点对于我们来说，无疑具有非常重要的启迪意义。

（2016 年）

启功请我发声明

1993 年 6 月的一天，启功先生给我打电话，请我到他家去一趟，他有要紧事跟我说。

6 月 17 日下午，我来到北师大红楼六楼，启功先生的“浮光掠影楼”[①]。在北师大校园西北部，一片绿树青草环抱中，规则地分布着几幢砖木结构的老建筑，楼身呈砖红色，因此被称作“小红楼”。这里环境幽雅，鸟语花香，绿荫蔽日，曲径通幽，是北京诸多大学中最有特色的建筑群之一。楼仅二层，住的都是北师大资深教授，如文学家、民俗学家钟敬文，经济学家陶大镛，历史学家白寿彝、何兹全等。“文革”期间，钱钟书、杨绛夫妇也曾经在此处小住。启功先生所住的，即为这个建筑群中的一栋，编号

①在自己的书法作品中，启功先生常把自己的寓所称为“浮光掠影楼”“坚净居”“小铜驼馆”等。

为“红六楼”。

上了二楼，按响门铃，房门启处，露出了老人和蔼如弥勒佛般的笑脸。出乎意料的是，屋里居然一个客人都没有。看来启功先生谢绝了所有的访客，他用半天时间专门接待我这么一个小字辈，究竟要谈什么“要紧事”？几句寒暄过后，先生脸色凝重起来，郑重地说：“今天请您来，是要宣布一个严肃的决定：从今以后，启功不再为任何个人收藏的古字画鉴定真伪，凡有以‘启功’名义在个人收藏的古字画上题签的均为假冒，概与本人无关。”这番话是一字一顿说出来的，显然是早有准备，并且要我记下来的。说完这番话后，先生似乎放下了一块大石头，表情也放松了一点，他恳切地说：“这件事我想了很久，终于下了这个决心，请您在报纸上为我发表一个声明。”

启功先生是中国书法家协会主席、国家文物鉴定委员会主任委员。他与上海的谢稚柳、北京的徐邦达齐名，是国内顶尖级的三大文物鉴定专家，有“南谢北启”“南谢北徐”之称。其中谢稚柳以艺术鉴定见长，徐邦达以技术鉴定见长，而启功先生以学术鉴定见长。启功先生对中国古典文学、文献学、版本目录学、考据学、历史学、音韵、训诂、书法等都有很深的造诣，故而他在历代书法碑帖的鉴定和文献考据方面，具有过人之处，为其他鉴定家所难以取代。鉴定文物是他的本业，为什么突然要“金盆洗手”了呢？

原来，最近一段时间，启功先生发现有人冒用他的名义进行古字画鉴定，并在赝品上以他的名字题字：此系真迹。这种造假行为在书画市场上引起了混乱，启功先生为此很愤怒，他不能容忍这种欺诈行为。经过反复考虑，他决定请我为他发表一个声明。说到这儿，启功先生的情绪又激动了：“有人假冒我的字画，我无所谓。可假冒前人的字画，还拉着我作假证明，这无异于在法庭上作伪证啊！这不是坑人吗？”先生眉头紧锁，显得非常焦急：“我对这种行为必须讲话，这与造我的假字不同，这是以我的名义欺诈别人，对这种犯罪行为，我要保留追究刑事责任的权利！”①

启功先生给人的印象，一贯是慈眉善目、和蔼可亲的，这是我唯一一次见他发怒，可见先生是认真的，确实动了气。于是我们就商量怎么发布这个声明。商量的结果是我写一篇文字，他

---

①关于此次访问，侯刚、章景怀编著《启功年谱》中是这样记载的：“（1993 年）6 月 17 日下午 4 时，《光明日报》记者徐可来访。先生再对他讲：以后不再为私人的古字画鉴定、题字。因为前些日子他看了一批字画，都是赝品，可是过了不久，上面都有了他的题跋，说是真迹。傅熹年先生也曾说：在劲松小区的摊上，有许多先生的假字。先生说：‘造我的假字与造鉴定字画的题跋不同，伪造题跋是冒我的名义去欺骗别人，我依法保留追究责任的权利。’”《启功年谱》，243 页，北京：北京师范大学出版社，2013 年 1 月版。

亲手写一个书面声明，一同发表在《光明日报》上。

谈完声明的事，我们又聊起了别的。那天下午，平时宾客盈门的“坚净居”，始终没有人来打扰，他把这么宝贵的半天时间都留给了我，可见他对此事的重视。那天老人兴致颇高，谈天说地，品人论世，妙语连珠，谈了很久。我怕累着他，一再告辞，可他一再挽留。

回去后，我很快就写了一篇文章，题为《能与诸贤齐品目，不将世故系情怀——坚净翁启功先生笑谈古今》（启功先生自号“坚净翁”），在文章中宣布了他的决定。6 月 22 日，我把手写的稿子送给他审阅；7 月 3 日，又去取回他改定的稿子。这两次都是访客不断，可他不但当面给我修改稿子，而且每次都拉着我坐下来聊天，还向我展示他刚刚写完的格律诗。启功先生长期失眠，身体不好，白天又人来人往，那个书面声明始终没有写出来。后来等得没有办法，只好先把文章在《光明日报》上发表出来了。

文章发表后，在文物界、鉴定界震动很大。惊讶者有之，惋惜者有之，不解者有之，怀疑者也有之。以启功先生在文物鉴定界的崇高地位，竟然宣布不再为个人鉴定文物，确实令人震惊。好几年之后，启功先生介绍我去见荣宝斋总经理，他还向我详细询问此事原委，表示很不理解。的确，启功先生平素为人谦和，心善如佛，很少疾言厉色，其实他是外圆内方，在原则问题上绝不含糊。多年之后，我在《启功口述历史》中，读到他晚年对自己年轻时所犯的一个过错的反省，对他的为人更加理解和崇敬。

在我与先生十几年的交往中，像这样严肃、认真的谈话屈指可数。如今二十多年过去了，启功先生去世也十二年了，他老人家当年严肃、认真而又焦急的神情宛然如在眼前。

（2017 年）

且说“启功三进辅仁”

已故著名学者启功先生，年轻时家贫，中学未毕业便辍学了，只能靠临时教些家馆来勉强维持生计。后在辅仁大学校长陈垣先生帮助下，得以进入辅仁附中教一年级国文。尽管他的课深受学生欢迎，但仅仅一年多，就被分管附中的辅仁大学教育学院院长张怀辞退。辞退的理由很简单：启功连中学都没毕业，怎么能教中学呢？这不符合制度。陈垣先生得知后，又把他安排到辅仁大学美术系做助教。这是启功先生二进辅仁。但不幸的是，辅仁大学美术系也归教育学院分管。启功先生做了一年助教后，再次被张怀院长以资历不够为由解聘，不得不再次离开辅仁大学。他在外面漂了几个月后，再次被陈垣先生召回，跟着陈校长教大一国文课。从此，启功先生终生与辅仁（后改为北京师范大学）结缘，再也没有离开过。在陈垣校长的耳提面命、言传身教之下，启功先生发奋努力，成为一代文化大师。

“启功三进辅仁”，留下一则佳话。如同启功先生终生感激陈垣先生的知遇之恩一样，人们也感激陈垣先生慧眼识珠、唯才是举，为中国培养了一位文化大师。与他形成鲜明对比的，是张怀的刻板教条、墨守成规、重学历不重才学。的确，如果没有陈垣，就没有后来的启功。那将是多么巨大的损失！

“三进辅仁”是启功先生人生中的一段重要经历，可以说决定了他人生的走向。在先生的《启功口述历史》和赵仁珪先生的《启功评传》中都有详细介绍。谈起这段往事，一般人都或明或暗表达了对张怀的批评。可是，冷静地想想，张怀院长做错了吗？

他没有错。

他是遵纪守法、严格按规章制度办事的典范。启功中学未毕业，却来教中学，这确实不符合制度。后来更甚，竟然让他去教大学，那更是严重违反制度、甚至破坏制度了。所以，他完全有理由辞退启功先生。

不仅如此。启功是陈垣校长推荐的人，陈垣是张怀的顶头上司，如果世故一点，乐得做个顺水人情，反正是你校长安排的，我睁一只眼闭一只眼，出了问题你负责，跟我半毛钱关系都没有。但是张怀不，违反制度的事，即使是校长安排的，也不能同意。这种坚持原则、敢于碰硬的勇气，是令人钦佩的。

既然张怀没错，那么，是陈垣校长错了吗？对啊，你陈大校长利用职务之便，公然践踏制度，让一个连中学学历都没有的人来教中学；后来又变本加厉、步步升级，居然让他来教大学！这不是滥用职权、以权谋私嘛？查一查，这里有什么猫腻没有！

是亲属关系吗？不是。收受贿赂了吗？没有。那就一点问题都没有了吗？当然是有的。虽不是亲属关系，但是朋友介绍来的，这总有关系了吧；虽没有收受贿赂，但他收了启功画的一幅扇面，这幅扇面搁到几十年以后，那是值了大钱了。

当然这是开玩笑了。事实上，陈垣先生也没有错。他之所以坚持录用这位年轻人，原因也很简单，就是四个字："写、作俱佳。"这是他未见启功之前、看了启功的文章和画后，对启功的评价。他看出这个小伙子是一个可造之才，埋没了可惜，于是打破常规，决定破格录用。他没有任何私心，一心爱惜人才。这样的眼识和胆魄，令人敬佩！我们应该感谢陈垣先生，是他为中华民族培养了一位文化大家。

张怀院长没有错，陈垣校长没有错，当然启功先生更没有错。那到底是谁错了呢？

应该说，这里面谁也没有做错什么。我们不能因为启功先生的成功，而批评张怀僵化。毕竟，谁也没有长着火眼金睛，谁是人才、谁是庸才，一眼识破。万一，他违反了制度，放进来的是一个平庸之人呢？那岂不是失职渎职？

问题的关键也许在于，我们如何在遵守制度与实事求是之间找到一个平衡点？或者说，我们在设计用人制度时，要为特殊人才留出空间。我们常说，制度是死的，人是活的。这句话很容易让人误读为钻制度的空子。正确的理解应该是：制度是管总的，而现实却是千差万别的。在执行制度的时候，既要遵守原则，又要因应现实，因地制宜，因时制宜，因人制宜，因势制宜，把制度的原则性与实际情况的多样性有机结合起来，这样才能把制度的优势最大程度地发挥出来。

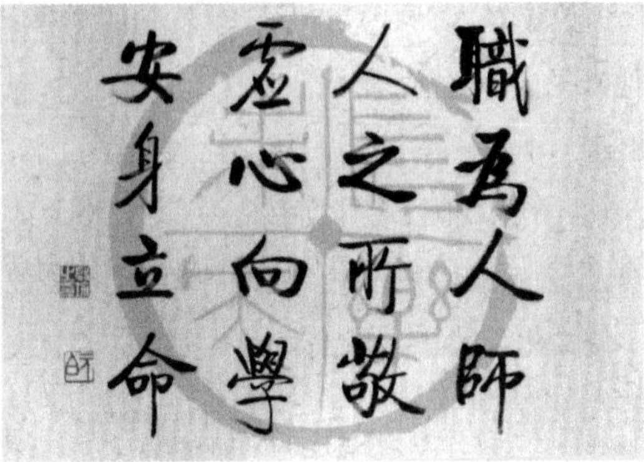

先生手书“职为人师”

即以人员的录用为例。无论哪个国家、哪种制度、哪个时代、哪个单位，在录取人员的时候都有一些基本的硬性条件，比如年龄、性别、户口、学历、职称、技能，等等，可以说这是对所有应聘者都适用的要求。但是，也有一些具有特殊才能的人才，他们未必完全符合制度所规定的硬性条件，那么，应该有专门为这类人才而制定的特殊政策。科学的先进的制度总是为他们准备了特殊的上升管道的，而不会让他们被埋没。除了制度的设计之外，很重要的一点是，主其事者要有识才的慧眼，有用才的胆魄，有爱才的胸怀。平庸的领导，一句“不符合制度”，就可以堵塞人才的出路；高明的领导，仅凭“写、作俱佳”，就打开了人才大展身手的天地。我们看到，在 20 世纪三四十年代，短短的二十多年间，涌现出一大批名家大家。其中很多人像启功先生一样，并没有很高的学历，很大程度上应该归功于像陈垣先生这样的伯乐。如今，很多单位进人的门槛越来越高，不管什么岗位，动辄就是硕士以上学历。可是，门槛高了，大家却少了。这是一个令人深思的现象。如何让那些像启功先生一样的特殊人才脱颖而出，我们应该从“启功三进辅仁”中得到启发。①

（2020 年 3 月 29 日）

---

①近读赵仁珪著《启功评传》，启功先生晚年对当年张怀一再解聘自己的做法也有了不同的看法，认为正是他对自己的一再打击，更加激励了身为“中学生”的自己奋发向上，因此有了后来的成就。为此，在张怀去世后，启功先生写了这样一副挽联：“玉我于成，出先生预料外；报君以德，在后死不言中。”《启功评传》，48 页，北京：北京出版社，2017 年 7 月版。

启功先生“不隐恶”

著名学者启功先生幼时家贫，中学未毕业便辍学了，靠教家馆独力支撑全家生活。后在辅仁大学校长陈垣先生帮助下，得以进入辅仁工作。但因没有大学学历，先后两次被辅仁大学教育学院院长张怀辞退。1937年七七卢沟桥事变后，北平沦陷，社会动荡，物价飞涨，民不聊生。作为家中顶梁柱的启功没有了收入，一家人的生活陷入困顿。他只能靠临时教一两家家馆，再靠写字画画卖些钱，勉强维持生计。

到了第二年3月，他的八叔祖看他一家生活实在困难，出于好心，想帮他找个工作。八叔祖在日本人控制下的伪北平市政府做个小职员，并没有别的人脉资源可用，所以也只能从这方面想办法。他从商店里买了张履历卡，填上启功的姓名、年龄、籍贯等，交给政府秘书厅负责人祝书原。启功不愿意干伪职，又不好拒绝长辈的好意。正在犹豫不决的时候，发生了傀儡政权委员长王克敏和日本顾问被刺事件。日伪政府大为恼火，全城戒严，搜捕嫌疑犯，形势非常紧张。当时很多人都受到牵连，正在辅仁大学化学系读书的王光英就被抓进位于煤渣胡同的日本宪兵队。在这种情况下，如果启功坚持不去，那很容易被怀疑与此案有关。他的母亲和姑姑也被吓得束手无策，乱了方寸，都劝他说："别惹事了，还是去吧，看看再说。"启功身不由己，只好接受了这个工作。他在秘书厅下面的科室做了一个小小的助理员，负责校对档案存卷，一月能挣 30 元，勉强养家糊口。干了三个多月，陈垣校长又找到他，让他回辅仁工作。他大喜过望，马上就找了个借口辞职了。从此以后，他在辅仁大学及后来的北京师范大学，终生从事教育事业。

三个多月在人的一生中只是短短一瞬，况且他是为生活所迫，当的是最底层的助理员，做的是文字校对工作，并没有干过什么坏事。这样的经历，相信在那种特殊的年代很多人都有过，大家都是可以理解并原谅的。可启功先生却一直记在心上，并为此深深自责，视为自己人生道路上的一个污点。中华人民共和国成立后，启功先生十分忠诚老实，主动把干过几个月伪职的事原原本本向组织作了交代，并向陈垣校长坦白了这件事。他没有隐瞒历史，事情到此为止，应该结束了。

可是启功先生并没有这么做，他终生都记着这段经历。将近70年之后,2004年,在他92岁高龄、人生中的倒数第二年,在《启功口述历史》中,他又原原本本地记下了这段经历的前后过程,并说:“回想我这一生,除了秘书厅这件事,我从没做过不清不白的事,1938年春夏之际的三个多月,在我人生道路上留下了一个污点。”他永远不能忘记陈校长当时的反应。他写道:“陈校长听了,愣了一会儿神,然后只对我说了一个字:‘脏!’”这一个字,启功先生记了一辈子,并且郑重地写道:“就这一个字,有如当头一棒,万雷轰顶,我要把它当作一字箴言,警戒终身——再不能染上任何污点了。”

当我在《启功口述历史》中读到这段记述的时候,我对启功先生的敬重非但没有减少一分,反而对他敢于自省、不隐其恶的勇气愈加钦佩。这段经历,如果不是启功先生自己主动“自曝家丑”,估计没有几个人会知道。在那个特殊的年代,有类似经历的人何以计数,早就被人们忘得一干二净了。启功先生不但没有忘,而且要白纸黑字地写出来,留下来,不光是警省自己,也是昭示后人:人的一生中,不能染上任何污点!《论语》曰:“君子之过也,如日月之食焉。过也,人皆见之;更也,人皆仰之。”人非圣贤,孰能无过?过而能改,善莫大焉。君子之所以为人们所景仰,不是他们不犯错误,而是他们能够改正错误。启功先生年轻时走过一小段弯路之后,始终铭刻在心,时时提醒自己要走正路，再不能染上任何污点。正是有了这份自省，他不但成为一代文化大师，更成为品格高尚的道德楷模，永远为世人所景仰。

（2020年4月20日）

琐忆启功先生

泪水，总有流尽的时候；我对启功先生的哀思却绵绵无绝期……

自从2005年6月30日先生去世以后，我不知哭了多少回，不知流了多少泪。时至今日，我都不愿相信，先生已经永远离开了我们。先生的遗像，一直安放在案头，童颜鹤发的先生对我微微笑着，慈祥可亲的先生似乎在妙语连珠地谈天说地。真的，启先生没走，他老人家只不过太累了，一贯睡眠不好的他这次要好好睡一觉了；醒来，他老人家又该忙碌了……先生，当您寂寞的时候，您还愿意要我这个晚辈陪您聊聊天么？

承先生不弃，把我视为一个可以谈点知心话的忘年之交。在启功先生人生最后的十几年中，我有幸追随先生左右，随时出入先生门庭，成为先生的一位“忘年之交”，或谓不在籍的学生，亲炙先生多年。在那之前，20世纪80年代后半叶，我在先生任教的北京师范大学中文系读书，就曾直接（听先生讲课讲座）或间接（读先生著作，听先生弟子授课）受教于启功先生。在与先生的交往中，在平时随意的聊天中，先生给我讲述了许多不为人知的故事，教给我许多做人的道理。我说过，在我到了必须对自己的言行负责的年龄之后，我没有崇拜过任何人，但我从不讳言对启功先生的崇拜。我崇拜启功先生，并不仅仅因为先生在学术研究、教书育人、文物鉴定和诗书画创作上的巨大成就，我崇拜的是他高尚的品格。先生曾为北京师范大学拟定并撰写校训："学为人师，行为世范"，先生一生所为，就是一部活的校训；先生本人就是"学为人师，行为世范"的道德楷模。庄子曰："畸人者，畸于人而侔于天。"启功先生不是"畸人"，他与常人没有两样，但他的人格品德确实可称"侔于天"了。有人戏言："世无完人，启功例外。"启功先生当然也不是"完人"，但于兹可见先生的为人的确为世人所称道。在与先生的交往中，我们也结下了深厚的感情。先生常常自述与恩师陈垣先生"情逾父子"。在我心目中，启功先生就是一位慈祥可亲的爷爷；容我套用先生的话，说我们"情逾祖孙"，那是一点都不为过的。

关于启功先生，我曾写过很多文章，并出版过《三读启功》一书。本文所忆述的，是我与启功先生交往中的点点滴滴，是我眼中的启功先生，一位普普通通、有血有肉的老人，一位和蔼可亲的长者，一位人格高尚的楷模。

初识门庭

我于1984年秋季考入北京师范大学中文系学习。入学后我们就知道，师大中文系有几大“国宝”：民俗学家、民间文艺学家钟敬文先生，训诂学家陆宗达先生，语言文字学家萧璋先生，文艺理论家黄药眠先生，书法家、文物鉴定专家启功先生，语言学家俞敏先生，等等。其他几位老先生，那时已经80岁左右，基本上不给本科生上课了；只有启功先生才72岁，在他们中间算是“小弟弟”了，除了给研究生讲课外，有时也给本科生开讲座，甚至还给夜大生讲课。俞敏先生比启功先生还小四岁，但我不记得听过他的课没有。钟先生和启先生的课，我都听过。钟先生的学生是我们的“民间文学”课授课老师，曾请钟先生给我们做过讲座；钟先生的散文是很有名气的，阿英在《现代十六家小品》一书中就给予过很高评价，我上中学时就读过，对他很是景仰；但听他的讲座，却未免有点乏味。启先生就不一样了，他是地道的北京人，一口京腔，字正腔圆，抑扬顿挫，底气很足，又幽默风趣，光是听他说话就是一种享受。再加上他的名气太大，所以每次讲课或讲座都是人满为患。我曾经在新二教室和500座阶梯教室（后更名为“敬文讲堂”，以纪念钟敬文先生）听过他的讲座，印象中讲过《红楼梦》和唐诗宋词。具体内容记不住了，但他丰富的表情、生动的动作和风趣的讲解，却是深深地印刻在我的脑海中的。他的弟子秦永龙老师给我们讲授书法课，有时请他来做书法讲座。他边讲边示范，十分生动。那时还有同学借机向他求字，或“截留”他在课上写的字。我对书法本来就不开窍，加之生性愚钝，所以从来没有在这方面动过脑筋。这种愚钝至今未改，在后来与先生的交往中，我始终坚持“只聊天，不求字”的原则，我的目的只有一个：陪伴孤寂的老人聊聊天，而不图从老人那儿索取什么。现在想来是有点遗憾，但我从不后悔！

不过那时我只是先生众多学生之一，我认识先生，先生不认识我。我对先生的印象，也仅仅是一位大学问家、大书法家、有趣的老头而已，并没有特殊的感情。我甚至对满校园里先生题写的匾牌感到不解甚至反感。（先生尝言：“我只差公厕没写了。”一笑）

与先生的“第一次亲密接触”，发生在我离开学校、参加工作以后。那是在1991年，我在《光明日报》编辑《图书评论》专刊，奉领导之命，请文化界名人为专刊题写刊名。每期一个，奉致最高稿酬——人民币100元，外加一束鲜花。（现在回想起来，实在是对不起这些文化老人。我记得那时《图书评论》专刊是双周刊，这些名家凭着他们对《光明日报》的感情，认认真真题写的刊

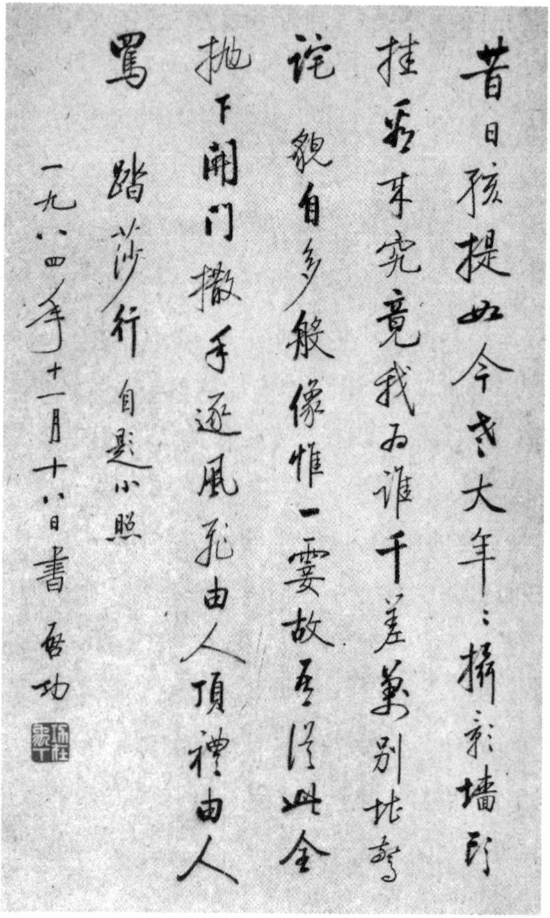

先生手书“踏莎行·自题小照　昔日孩提”

名，却只用一次就放弃了，殊为可惜；而且，报酬是如此之低——尽管已经是当年《光明日报》的最高标准了）我记得第一期是请冰心先生写的。——最近读冰心日记，居然对此亦有记载。我负责向启功、李琦、李铎、沈鹏、欧阳中石等书画家约稿。我与诸位先生一一联系好，并登门拜访。当时我刚工作不久，真是不知天高地厚，对这些文化大家一点都不怵。这些先生也非常亲切、随和，对我这个后生小子很客气，对我的请求一口答应，无条件地满足。其中沈鹏先生因当天临时有事，先把字写好，并写了一封短札，放在家里，由家人转交给我。李琦先生后来还曾几次与我联系，并签名赠送以他的作品印制发行的邮品。倒是在启功先生那儿碰了一个软钉子。

20 世纪 90 年代，启功先生的名气已经如日中天了，都说他的字特别难求。领导把这项艰巨的任务交给我，估计是因为我是北师大毕业的，好歹有点师生之谊。殊不知我在校期间，连句话都没跟他说过。不过也没别的办法，我能用的也就这点面子了。那天，我来到北师大校内启先生居住的小红楼，看到楼前停着一辆小汽车。那时小汽车是个稀罕物，不是一般人能有的。要不就是有贵客来访，要不就是先生要出门。小楼二层，一门两户，分居左右，上下各据其半。一楼主要是厨房、饭厅，二楼是卧室、客厅。我进了楼正往楼梯上爬呢，启功先生在几个人的陪同下从楼上下来了，我们在楼梯上相遇。我自报家门，特别说明了是北师大中文系毕业的，并把来意简单地说了一下，启先生问我："是要横的还是要竖的？"之前我没有想过这个问题，既然先生这么问了，我就想，不如横的、竖的各来一幅，回去可以视版面情况选择。心里这么想，嘴上也就不揣深浅地说出来了。话一出口，启先生似乎有点不悦了："那要不要斜的、圆的各给你写一个，简体、繁体再给你写一个？你光想着排字工人方便，就不替我这个七八十岁的老头子想想？"我的脑子里嗡的一声，知道自己闯祸了。那几个人也用不屑的眼神看着我，似乎在怪我不懂事，一边还催着启先生快走快走。启先生就在他们的簇拥之下出去了。我呆呆地站在楼梯上，心想：这下完了，启先生生气了，这字肯定不会写了。

这样忐忑不安地过了几天，一天，忽然收到从北师大寄来的一封信，信封上是我所熟悉的启功先生的字体。拆开信封，里面别无他物，只有两幅字，上面都写着：图书评论。不过，一幅是横的，一幅是竖的！启功先生果然按照我的请求写了！多么忠厚的长者！尽管我的要求有点近乎无理，可他为了我们的方便，还是满足了我。

——写到此处，忽然发现了多年没有留意的一个细节。当年我去向启功先生求字时，并没有携带和留下任何书面材料，甚至也未能进入先生家中正式交谈，而只是在楼梯上简单地交谈了几句，介绍了我的身份和来意。之后启先生就凭这简单的几句，就寄来了他题写的刊名。现在回想起来，对启功先生愈加敬佩：一是佩服先生记忆力之好，竟然记住了我的名字和工作单位；二是敬佩先生心地之纯净，对我这样一个陌生人居然没有丝毫怀疑。

这件事给我的印象太深了，后来我曾经几次与启先生提起。有一次，在劳动人民文化宫举行的首届北京图书节上，我与先生相遇，提起此事，先生居然还记着："是啊，你当时让我横的、竖的各给你写一个，我就开玩笑：要不要斜的、圆的也各写一个？简体、繁体各写一个？"再后来，我再提起此事，启先生就一点印象也没有了，只是"道歉"："我那是童言无忌，胡说八道，您可别往心里去啊。"我之所以一直记得这件事并常跟启先生提起，一是检讨自己当时的无知、鲁莽，提醒自己以后与长者交往一定要注意礼貌、把握分寸；二是景仰先生的高风亮节，感动于先生对后生的宽厚、体谅。其实，启功先生是个最不爱生气的人，他是惯会跟人开玩笑的。那时候我对他不太了解，所以吓了一跳。后来接触多了，才知道他的为人是多么谦和、大度。

代发声明

虽然与启功先生有了亲密接触,可是在很长时间里,我还是很少去他那儿,因为我知道先生的时间太宝贵了。找他的人太多太多,而先生的身体又不好,我不想打扰他老人家。其实最重要的,还是因为脸皮薄。在以后的两年时间里,我们只在公众场合有过很少的几次见面。

我不找启先生,启先生倒找我了。1993 年 6 月,启先生让人跟我联系,请我到他家去一趟,说有要紧事跟我说。没想到这一去,先生晚年的一件大事竟然与我有了关系:我成了先生一项重要声明的见证人、受托人和发表者。①

谈完正事,我们还聊了很多话题。启功先生谈天说地,引经据典,妙趣横生,我也借机请教了一些问题。回去后,我就写了一篇文章,其重点在于突出先生的"重大决定"。隔日,我把文章送先生审阅。先生当下就拿起铅笔,边看边改。先生看得很认真,改得也很仔细,不光改动字词句,连标点符号也不放过。说句实话,我对他的一些改动是不太理解的,但我还是尊重先生的

---

① 关于这件事,我曾经多次提及;2017 年,看到一篇文章以讹传讹,我又专门写了一篇《启功请我发声明》,以正视听。这里不再详述。

语言习惯。先生看到会心处,忍不住哈哈大笑:“写得真有意思!”他一手拍着大腿,一手竖起大拇指,不住地赞叹:“写得真好啊!写得真好啊!”当我为自己的字写得太劣而不安时,先生放下笔,认真地说:“自古以来,凡是文章写得好的人,很少有字也写得好的,因为他得顺着思路写下去,没有时间琢磨字写得好不好。”我当然知道先生是在安慰我,心里更加感激先生的宽厚。

从那以后,我们的联系就密切起来了。先生让我没事的时候多去他那儿坐坐、聊聊。起先我还有点拘谨,生怕先生说的是客套话。可先生却是认真的,经常亲自打电话召唤我,我这才慢慢地敢走动起来。后来读《启功口述历史》和赵仁珪先生的《启功评传》,我发现先生年轻时也有过这样的经历。先生十八九岁的时候,在诗画方面有了些小名气。有一次,遇到溥心畬先生,溥先生让启功有时间到他那儿去。论辈分,溥先生属于曾祖辈。他不但门第显赫,而且诗、书、画都有很高的造诣,在当时享有盛誉,是公认的“王公艺术家”。而启功只是一个初出茅庐的后生晚辈,他以为溥先生只是一时客套,岂敢随便高攀。但后来溥先生见着他时,老问起他为什么不到家里去,他这才敢经常登门求教。

我记得那时刚刚用上寻呼机①,有时候先生就打寻呼机“呼”我,我找到公用电话再给他打回去。后来还发生过这样的事情:先生约我在师大小红楼见面,可他却跑到“第二窟”②等我,因为眼睛看不清,还把另一位访客当成了我,拉着人家的手问“家人如何、孩子如何”,闹得人家“丈二的和尚——摸不着头脑”。一个在这边找不着,一个在那边等不到,事后说起,哈哈大笑。还有一次,上午我在先生家里聊了半天,中午告辞回家,下午居然在同一个场合意外地见了面。我们俩一见就哈哈大笑,惹得台下的人不知道怎么回事。我常常想,我既非先生嫡传弟子,对文物鉴定、书画创作也是门外汉,为什么先生会对我青眼有加呢?也许他看中的就是我的憨厚、朴实,从无所求?在无数的追逐者中,我也许是个异类?十几年来,我几乎没有为自己的事情开过口,连他扔在字纸篓里的废纸都不敢要。也许正是这股老实劲赢得了先生的信赖,把我当成了一位无话不谈的小友。

2003年年末,我收到寄自北师大的请柬,邀请我参加即将召

---

①寻呼机,俗称“BP机”,是20世纪八九十年代流行于国内的一种移动通信工具,它从基站发射的寻呼信号和干扰中选择出所需接收的有用信号,恢复成原来寻呼本机的基带信号,并产生音响(或振动)和显示数字(或字母、汉字)消息。后在手机的强大冲击下逐渐衰落,并最终退出市场。

②有关方面鉴于启功先生年事已高,体弱多病,为了让他不受打扰,为他在校外安排的一处房子,他称之为“第二窟”。

开的“启功书法学国际研讨会”。收到这份请柬我并不感觉奇怪，因为我跟启先生熟，只要有关于先生的活动，北师大都会请我。意外的是在这次会上，我从别人嘴里听到启功先生对我的评价。在会场外见到先生的高足、著名书法家秦永龙先生。秦先生是我大学时代的书法老师，为我们上过一年的书法课。我因为字写得拙劣不堪，无颜见老师，上学期间就躲着老师，大学毕业后更是从来没有跟老师联系过，所以他并不认识我。在我自报家门后，秦老师略感诧异，他热情地告诉我：是启先生亲自点名邀请你的。启先生说，你文章写得不错，为人很好，对你评价很高。——秦老师之诧异，也许是因为没有想到启先生隆重邀请的竟是这么一位年轻的后生，而且还是他的学生。秦老师还举出启先生讲的几个例子来验证这个评价，令我惭愧不已。我感到，这是先生对我为人的最高评价了！实际上，这也是十几年密切相处中，先生高尚的人品对我的熏陶和影响。

启功辟谣

除了委托我代为发表声明外，启功先生还曾委托我为他“辟谣”。如果说发表声明是件很严肃的事情的话，那么这“辟谣”就有点半真半假、亦庄亦谐了。

那是1999年冬日的一天，我来到先生家里，先生郑重其事地对我说:“您得帮我辟个谣。”我与先生开玩笑开惯了,知道先生有时候会很严肃地说出令人忍俊不禁的话来,所以就笑着问:“您要我辟什么谣?”哪知先生还是认真地说:“外面人家都说启功自称大熊猫。其实我从来没有自称过‘大熊猫’,也没有在门上贴过这样的条子,那都是别人误传!”

接着先生就详细地向我解释了“大熊猫”传说的由来。在很长一段时间我都不明白,那天先生为何要辟谣,他的认真是真还是假?当时也没多想,也没多问,只认定是先生逗我玩儿呢,所以回去后就写了篇短文《启功辟谣》发在报上。现在想问,都找不着人问了!

后来阅读《启功口述历史》,意外地发现书中对于这件事居然还有一段说明,兹照录如下:“有时来的人太多我实在支撑不了,就在门上贴张条子:‘启功因病谢客。’但很快条子被人揭去,又因有朋友把我比成大熊猫,便演义成‘大熊猫因病谢客’。其实我从来没有自称过大熊猫,更没有直接把它书写张贴,我知道大熊猫是国宝,我哪里敢以它自比?后来我让学校出面,拟一段声明,说明确实是由于身体不好而不是找借口推脱。”①从这段文

①启功口述,赵仁珪、章景怀整理:《启功口述历史》,160—161页,北京:北京师范大学出版社,2004年7月版。

字来看，先生当年确实不是开玩笑，他是认真的。事隔这么多年，启功先生对于这件小事还是不能忘怀，还要专门在他的回忆录中“辟谣”，以正视听，可见先生是不愿被人目为“大熊猫”的，更不愿被人误以为自称“大熊猫”，因为他从来没有飘飘然到把自己当作“国宝”。先生的谦逊，由此可见一斑。

遗憾的是，无论是启功先生请我代为辟谣也好，或是先生在自己的书中亲自辟谣也好，都没有能够制止住“谣言”的流传。在先生生前身后，很多人未经核实，就以讹传讹，在文章中津津乐道地传播着关于大熊猫的“佳话”。有的人甚至写得有鼻子有眼，有声有色，描写先生如何无可奈何，幽默地自称“大熊猫”，仿佛亲眼所见、亲耳所闻一样。先生在天之灵有知，恐怕也要“徒唤奈何”了。

红楼忆旧

我与启先生交往，很少带有工作性质，而是作为一个晚辈去陪老人聊聊天。十几年中，我无数次出入于小红楼中，陪老人谈天说地。老人随意的闲谈间，往往蕴含着丰富的文史知识，折射出睿智的光辉，同时也反映出他人格的伟大。很多次谈话中都涉及他的身世，如果能整理出来，当是很宝贵的资料。我为了不影响谈话，基本上没有录过音（只有正式采访的那一次，我偷偷录了音，从而留下了先生的声音，也留下了珍贵的纪念），事后又没有及时补记笔记。大量珍贵的资料，就在记忆的天空中慢慢风化了，现在能记起来的，只有先生幽默的玩笑。

启功先生的幽默与开朗是出了名的。他的幽默是天生的，几乎张口即来。一天，为了一件什么事情，我对启先生说了声“谢谢”，先生答曰：“甭谢了！”说完自己先笑了起来。见我不解，他讲了一个故事：“从前有一个人坐着马车去人家做客，到了之后，主人让把马车卸下来给马喂草料吃，客人说：‘甭卸（谢）了，套着喂就行了。’”说完，我们俩都哈哈大笑。启先生就是这样，一身的幽默细胞，一肚子的笑料，随便一句话就能逗得你乐不可支。我至今还能想起先生说“套——着”两字时字正腔圆的京腔，真是音容宛在啊！

我与启功先生过从甚密，但我从不以此自炫。有时写点小文章，记述先生的事迹与趣闻，也只是为了与读者共享。没想到这些小文章也会给我带来麻烦。有多家报刊未经我的许可擅自盗用我的文章，我不但从来没有拿到过一分钱的稿酬，有时甚至连署名权也被剥夺。有的文章发表后，居然有人写匿名信，用龌龊、恶毒的语言对先生也对我进行人身攻击。我记得很清楚，信封是某基金会的（公益机构），盖着“邮资总付”的戳儿。写信人不但用了公家的信封信纸，连邮资都舍不得自付。他（她）把国家和人民用于扶贫济困的钱,用来写匿名信辱骂一位德高望重的文化老人和一位无辜的青年作者。我很委屈,有时跟启功先生提起这些事,启先生总是以其一贯的豁达开导我:“林子大了,什么鸟都有。这种事多了去了,不用跟他们计较。我的原则是:屈死不告状!”

先生平素为人谦和,但并不一味地幽默与豁达,他也有耿直的一面。他要较起真来,谁也奈何不得。我就曾几次亲见他较真的情形。1998 年 3 月 21 日,由张岱年、季羡林、启功三位先生发起,一批文化艺术界人士欢聚全国政协礼堂,为钟敬文先生祝贺 96 岁寿辰。当天可谓名家云集,盛况空前。某大报一位记者拿着笔记本挨个请嘉宾签名,别人抹不开情面都签了,只有启功先生坚决拒绝。先生悄悄对我说:“我就见不得他那副谄媚样儿!”先生很少贬损他人,独独对某几个人耿耿于怀,他看不惯的是他们的人品。以我后来的观察,那几位的人品确实不足道。

我追随先生多年,从来没有为个人的事向先生开过口。尽管先生多次说:“等咱爷儿俩闲下来,我好好给你写幅字。”但他从来没有闲下来的时候,我也不好意思麻烦他老人家。有一次,他又提起此事,我想我特别喜欢他集古人句撰写的对联“能与诸贤齐品目,不将世故系情怀”,那就请他给我写一幅,作为我的座右铭吧。老人欣然答应,躲到“第二窟”认认真真地写了一幅。

过几天先生内侄媳郑喆老师打电话让我去取，我一看，笔锋圆润、饱满，是他晚年难得的精品。那时候先生双目几近失明，已很少写大字了，不难想象，老人为了写这幅字，克服了多少困难，耗费了多少心血。唯一的小遗憾是把我的姓错写成“许”了。郑老师说：没关系，你放在这儿，让他描几笔，把“许”改成“徐”就行了。我们俩还比画了一下，觉得由“许”改“徐”挺容易的，而且还不会露破绽。没想到第二天，郑老师打电话来说：先生说要重新给你写一幅。我一听，坚决不答应。可郑老师说：老头儿特倔，他说重写肯定就要重写。我赶紧给先生打电话，恳求他不要重写了。先生也很坚决：“不行，我把您的名字写错了，已经很对不住您了。这肯定得重写。”我几乎是哀求了：“启先生，算了，算了，‘徐’和‘许’是谐音字，‘徐可’和‘许可’本来就容易搞混，您就不要……”先生急了，打断我的话说：“您就别再算了算了！写错人家名字是很不礼貌的，我这就够过意不去的了。您就别管了！”打完电话，我的眼泪都快出来了。当时我正和几个朋友聚会，我跟大家一说，大家也都感动不已。①

---

①2018年9月7日，启功先生内侄章景怀先生通过微信发来一张书法条幅照片，正文是“能与诸贤齐品目　不将世故系情怀”。抬头题“许可先生雅教”，落款为“启功九十学书”。章先生问我，这幅书法与我有没有关系。我一看非常激动，这正是先生当年为我所写并弃舍的那幅。我又惊又喜，亟问之，章先生说，是在一本书中看到的，详情不知。

后来郑老师告诉我,先生是一个办事特认真的人,对于这些细节特别在意。有一次他为一位人士写字,字被取走后,他突然想起把一个人的名字写错了,赶紧打电话追回来,重新写了一幅。最近我看到郑喆老师写的回忆文章,说到有一次先生发烧咳嗽,遵医嘱卧床休息静养,偏偏有几位不速之客拿来收藏的画作请他鉴定。先生强支病体,起床为客人看画、讲解。郑老师含着眼泪才把客人劝走,先生已衰弱得站不住了,却一直很平静。先生就是这样,从来只替他人着想,不把自己放在心上。其实,我的名字常被人误为"许可",过去先生送我的书上也有写错的,这一点都不奇怪,我也从来没有提过。这次因为先生第一次也是唯一一次郑重其事地给我题词,我不想留下遗憾,所以提了一句,本来以为在原作上添几笔改一下就行了,没想到给先生添了那么多麻烦,心里一直觉得很愧疚。不过从这件事中我确实又学到了一点做人的道理,以后凡是面对人名,我都特别小心,一定要核实准确,千万不敢出错,因为先生告诉我:"写错人家名字是很不礼貌的。"

拒写传记

启功先生一生阅历丰富,他的人生就是一部大写的书。多年来,有关方面和不少人士一直劝说先生写一部自传,也有很多人自告奋勇愿意为先生写传记，但无一例外都遭到先生委婉而坚决的拒绝。我也曾为此事劝说过先生，先生给我讲了一件事：

“有一个女士说要给我写传记。她不了解我，怎么给我写传记？我很不愿意写小时候的事，我小时候的事没法说。我父亲虚岁十七岁结婚，十八岁生的我，十九岁就死了，实岁十七岁。我不是不可告人，我不愿意回忆。我回忆这些，那叫温习烦恼啊。后来我的工作又有许多波折，我没有正式学历。写我的这些个所谓学问，她又不懂得，她又写不了。几个方面都是很麻烦。有一次这位女士又打电话来说要写。我说：你说吧。我放下电话，到一边忙别的去，让她说。过了一会儿，我过来拿起电话，问她：你说完了没有？她没说完。我说：那您接着说。又放下电话。过一会儿，我又问：你说完了没有？我让她说完了，说痛快了，才挂电话。后来这位女士还挺不高兴，说你这人怎么这样！这事没法说。季羡林写《牛棚杂记》，我不赞成，我说不能温习烦恼。我肚子里的那些杂货，是东抓一把、西抓一把抓来的，别人掏不出来呀！记录的人他不懂，说什么他都得问。我昨天吃橘子，今天吃面包，这个橘子是怎么吃的，面包是怎么吃的，他都不懂，都得问，那他怎么写传记？‘文革’时有一个天津的中学生来搞外调，给他介绍说这个人是辅仁大学毕业的，系主任是谁，教务长是谁，他全不懂。领导说：你回去吧，另找一个岁数大点的来。你说这算什么事?”

先生的意思,我听明白了:一是不愿意温习烦恼。先生虽然贵为“帝胄”,其实出身寒苦,一生曲折。“我小时候苦啊,我不愿意去想那些事。”启功先生最反对“温习烦恼”了,跟他在一起,我都谨慎地避免提起往事,免得勾起老人痛苦的回忆。有时不慎提起小时候的事,老人就泪水涔涔。二是无人写得了这个传记。先生肚子里的学问太多了,不知道他从哪儿学来这么多东西,也不知道他肚子里到底装了多少学问。有了这两条,谁还忍心去揭老人的伤疤呢?谁还敢去掏老人的“杂货”呢?其实,在与我聊天时,先生有时就谈到自己的身世、经历,在我有限的笔记中就有一些零星片断;可惜我悟性不高,没有“顺藤摸瓜”。所幸的是,在各方的动员下,先生终于开口讲历史,经赵仁珪、章景怀两位先生整理,出版《启功口述历史》,为后人留下了宝贵的资料。

一语成谶

2004 年 7 月 26 日,北京师范大学以举办启功先生语言文字学研讨会的方式为先生祝寿。先生用沙哑的声音发表了答词,赢得阵阵热烈的掌声。人们记住了他的“感谢”“惭愧”,不知道有人听到这句话没有:“我满肚子的泪水只能往肚子里咽。”在那样喜庆的气氛中,这样不合时宜的话也许没有引起人们的注意,也许大家是有意疏忽。可我却听到了,几乎涕下。

人人都道启功先生乐观、开朗,其实我知道先生心中有大悲苦。先生给人的永远是快乐和笑声,他把苦水和泪水都咽进了肚子里。白天,他那里是宾客盈门,笑语不断;夜间独卧,只有他自己品尝寂寞和孤苦。他曾经向我展示过怀念亲人的诗作《夜中不寐,倾箧数钱有作》,动情地说:“凌晨两点,睡不着觉,起来写了这首诗。我夜里睡不着觉,老是想起我最亲爱的人,我的母亲、姑姑、老师、老伴,他们活着的时候,我没有钱让他们过好日子。现在他们都死了,只留下我一个人,也八十多岁了,要这么多钱有什么用呢?一个人上了岁数就没意思了,孤独。”言语间不胜悲戚。后来,先生也曾多次向我述说夜间不眠的苦状。

孤独,是伴随启功先生晚年的一个阴影。孤独,无关外在环境,无关生活条件,甚至与儿女孝顺与否也无关联,它是内心的一种体验。先生无儿无女,所幸的是有一对孝顺的内侄、侄媳,无微不至地照顾着他;又有一对可爱的孙子孙女,使老人家能够含饴弄孙,尽享天伦之乐,一家人其乐融融,真像戏词里唱的“比亲人还要亲”(当然了,他们本来就是亲人)。然而,即使这样,也难解除老人内心深处的孤独、寂寞。历史学家何兹全夫妇送给启功先生的挽联中有言:“外幽默,内寂寞。”这是真正了解启功先生、理解启功先生的人。外在的极大的幽默,掩盖着内在的极大的寂寞。外面越是喜庆、热闹，内心越是孤独、寂寞。7 月 26 日的热闹场中，我看到的就是孤独、寂寞的启功先生的身影。9 月 14 日，我去看望启功先生。谈起 7 月 26 日大家给他祝寿的情景，启功先生幽了一默："当那些女孩子举着红烛给我唱祝寿歌的时候，我也在心里唱着祝词呢。你猜我唱的是什么？我唱的是：启功呀启功，你就像这红烛头儿……"这样的幽默，是多么酸涩！过去先生多次达观地谈到生死、谈到"乌呼"（"差一点乌呼"之意），那时候他是多么地轻松，因为他有信心；而现在，这样的话题就太沉重了。当时听了，心里很不是滋味，眼泪夺眶而出，但也不愿多往坏处想，更不敢表现出来，只好转移话题。没想到竟一语成谶！

先生一生著述丰富。每有新著问世，总要送我一本，以供学习提高。原来启功先生送我书，大多写"徐可同志（先生）教正（指正）"。那天，他送我一本新出的《启功口述历史》。我请他签个名。那时先生视力已非常不好，写的字歪歪扭扭的。令我吃惊的是，他写的竟是"徐可老兄教正　启功呈稿"。这令我非常不安，连说"不敢当，折杀我也"。大家都哈哈大笑，我的内心却有一丝苦涩。先生这种反常的举动让我有一种不祥的感觉。人们常说"老小孩""老小孩"，老了就成了小孩了。我一直拒绝称呼启功先生为"启老"，坚持叫他"启先生"，因为我觉得他怎么都不老。可是这一次，我觉得他老了，而且有了老小孩的味道。

对于数字，我从来都没有什么讲究的，没有什么吉祥不吉祥的感觉。但是自从启先生病重之后，我就非常注意这些，尽量避免出现“4”之类的。本来我是9月14日去看他的，但在写文章时我特意把日期改为“9月15日”，就是出于一种忌讳的心态。我向《2004年中国散文精选》一书的编者推荐了《启功口述历史》中《我的姓氏和世系》一章，后来出版社寄来稿费，154元。又是“4”！当时先生正病重住院，我想等他老人家身体好一些，自己垫点钱一起送过去。没想到永远没有这一天了！

先生一生坎坷，历尽磨难，只是到了晚年才过上了安稳日子，可又常年受到病痛的折磨。他一身是病，心脏、肾脏、肺部都有问题，多次住院，多次病危。2000年，他又得了带状疱疹（俗称“缠腰龙”），痛苦不堪，多次到医院治疗，不少朋友也积极推荐各种药方，但是这种病好得慢。每次去看他，见他一边说话，一边用手在身上挠，很是替他难受。一次，我因微恙，医生给开了一些药，我不经意中发现，那种药竟然可以治疗带状疱疹，我赶紧给先生打电话推荐。先生谢过后说：“不少朋友给我推荐了好些药了，有西药，有中药，都不见效。这种病就是好得慢，急不得。”

2003年，启先生在中风加摔跤之后，行动更加不便，已经离不开拐杖了。他常常提提手中的四脚拐杖对来人说:“现在靠它四条腿,加上我的两条腿,我成了六条腿的人了。”

还有白内障和黄斑病变,让他几乎失明。对于一个书法家来说,眼睛看不见真是最痛苦不过了。先生常常开玩笑说:“祖师爷不再赏我这碗饭吃了。”先生晚年最大的愿望就是能重见光明。他曾动手术摘除了白内障,但眼底黄斑病变却一直没有办法治好。2004 年 10 月,我应邀出席河北省一家眼科医院成立 100 周年庆典,在与医院的领导闲聊时,偶然听说这家医院有一位七十多岁的老医生,治疗眼疾有奇技,曾经治愈过多位重要人士的眼病。我心中一动,马上想到,要是能请到这位老医生为启功先生治眼病该有多好。我当即把我的想法告诉了医院负责人,他们听说是给启功先生治病,都很乐意,表示如果能为启功先生治好眼病,除了付给医生必要的费用外,医院可以分文不收。回到北京后,我马上把这一想法告诉了启功先生,先生非常高兴,当即表示同意,随时恭候那位老医生。当然这种事情不是说干就干的,毕竟都是高龄的老人,一位七十多岁,出行需保证安全;一位九十多岁,动手术更要慎重。所以我又给先生内侄章景怀先生打电话,郑重征求他的意见。章先生在感谢了一番之后,说:“现在这已经不是主要矛盾了!”听到这话,我心里咯噔一声,再也不好说什么了。

欣慰与遗憾

在与启功先生的交往中，我得到了很多教诲，学到了很多做人的道理。正如先生的弟子秦永龙教授所说："我们能与这样一位几百年出一个的文化名人相识相处，并得到他的厚爱和教诲，这是我们的幸运。"十几年来，我曾尽我所能为先生做过一些事情，这是我感到欣慰的地方；但也留下了不少遗憾，那是永远也无法弥补的遗憾。

出于对先生的感激和爱戴，我曾为先生做过一些微不足道的事情。除了1993年，为先生发表"不再为个人收藏的古字画作鉴定"的声明外，2000年，我还建议《光明日报》发表了他的一篇长文。当时，先生以88岁高龄，写成一万多字的论文《读〈论语〉献疑》。先生把文章给我看，要我"多提宝贵意见"。我拜读学习后，觉得先生的见解言人之所未言，见人之所未见，表现了他对思想史重要问题的思考，应该尽快让这篇文章与世人见面。先生告诉我，中华书局主办的《文史》杂志将要发表。我了解了一下，这份杂志要好几个月以后才能出版。于是我向所供职的《光明日报》推荐了这篇文章，建议尽快发表，得到领导认可。但那时的观念还是比较保守，报纸极少发这么长的文章；领导让我跟启先生商量一下，看能不能删节一些。说句心里话，这么好的文章，删了实在可惜。没想到先生竟欣然同意，并委托我全权处理。我"哆嗦着手"一点一点地抠，终于删到七八千字，经先生认可，于当年4月4日在《光明日报》"理论周刊"以大半版篇幅发表，在学术界引起很大反响。

2004年，先生过完92岁生日之后，我总在想，要为先生做点什么才好。《光明日报》经常介绍一些书画家的作品，我想，像启功先生这样的书画大师，《光明日报》更应该重点宣传。我把想法告诉了报社有关领导，得到领导赞同。我们一致的想法是精选启功先生部分书画印作品，并配以一篇评介文章，推出一个专版。当时我还想等到先生93岁生日之际再出，领导说：不要等，为老人做事要抓紧。在先生的认可之下，我们从他历年的作品中选出书画印作品若干幅，我写了一篇题为《三读启功先生》的短文，在2004年10月31日推出。这个专版也是好评如潮。我把报纸送给先生，那时启功先生已经看不清了，但是他摸着报纸，还是很高兴。没想到，这竟是我与先生的最后一面。

此外，我还为改善先生的居住条件、加强安全保障等，向有关方面提出过建议，得到重视和采纳。能为先生做些事情，尽管都很微小，但我还是感到很欣慰。

在与启功先生的交往中，也留下了不少遗憾，比较大的有几次。

遗憾之一：先生为我题签的书没有及时出版。

先生手书《三更有梦书当枕》书影

1998年，我出版了个人的第一本读书随笔集《三更有梦书当枕》。此前已跟先生说好，到时候请他为我题写书名。没想到书出版之前，先生因眼疾严重，到日本做手术去了，出版社请了另一位书法家题签。过了几年，此书拟修订再版。这次我请先生题写书名，先生欣然答应。这时先生视力已很不好，他摸索着用硬笔为我写了两幅书名，并嘱我书出版后一定要送他一本。然而，由于出版社领导更换，这本书再版的计划也流产了。到了2016年，我的另一本散文集出版时，我特意名之为《三更有梦书当枕（之二）》，用上了先生题签的书名，以此寄托对先生的怀念之情，然而先生却永远也看不到了。

遗憾之二：《启功小传》没有写完。

2005年年初，有一家出版社拟出版一套《国宝》丛书，约我写一本介绍启功先生生平和成就的书。我一直主张，像启功先生这样的大学问家，应该有人来写传记、写大传的。但我本人没有给先生写传记的“非分”之想，因为我自知力有不逮，我也知道先生一直反对给他立传。这次受到《启功口述历史》的鼓舞，征得先生家人的同意，我终于答应写一部介绍先生生平和成就的作品，但我坚持定位在“小传”，不过是抛砖引玉的意思。出版社方面本来要求我在 6 月 30 日之前交稿的（多么巧合的日子！），因为我的拖拉，到了交稿之日刚刚写了一小部分，而先生也就在这一天遽然长逝！

遗憾之三：先生走前，我没能再看他一眼。

先生病重住院后，我心急如焚，多次打探他的病情。我想去看看他老人家，可是我又不敢去，我怕控制不住自己的情绪，反而给病人和家属增添烦恼。就在这去与不去的犹豫之间，时间过去了小半年。过了不久，忽然听说先生病情有所好转，又从重症监护室转回普通病房了，我喜不自胜，暗自筹划，最近一定要去看望先生。没想到，还没等我行动，先生就匆匆走了，使我留下了永远的遗憾！

2005 年 7 月 7 日，我一大早就赶到八宝山，向我最敬爱的先生作最后的告别。那天，前来瞻仰先生遗容的人群如潮水般从四面八方涌来，告别室外排起了蜿蜒的长龙。我先后三次进入告别室，徘徊在先生身边，久久不愿离去。我不愿走，因为我知道，一旦迈出这间告别室，我就再也见不着先生了。泪眼已经红肿,可我不愿眨一眨眼睛,我凝视着先生瘦削的脸庞,希望瞬间能变成永恒,希望就这么永远陪在先生身边!我和秦永龙老师抱头痛哭,心如刀绞!

先生走了,可我感觉先生并没走。先生的著作还整齐地排列在我的书架上,那都是我最珍爱的书。以往,在想念先生的时候,我经常捧读他的作品,遥想先生的风范,如见先生一般。如今,我每天从书架前逡巡而过,却再也不敢轻易翻动书页。我感觉先生的灵魂还在书里跳动,我怕惊醒了酣睡的先生。

(2018 年)

国学大师是怎样炼成的

——纪念启功先生105周年诞辰答《解放日报》记者问

启功先生从文学发展的角度论述历代诗歌之不同:“唐以前诗次第长,三唐气壮脱口嚷。宋人句句出深思,元明以下全凭仿。”他在给学生讲课时对历代诗歌特点作了这样的总结:“仆尝谓:唐以前诗是长出来的,唐人诗是嚷出来的,宋人诗是想出来的,宋以后诗是仿出来的。嚷者,理直气壮,出以无心。想者,熟虑深思,行以有意耳。”

记者:启功先生2005年去世,今年是先生105周年诞辰。我们都知道,您与启功先生是“忘年交”。你们感情深厚,自述“情逾祖孙”。您是怎么与启功先生“结缘”的?启功先生是不是一个“好玩”的人?据说语言幽默的规律之一是话语的逻辑发展突然中断、心理期待猛地扑空，随之又滑到一个并非预期然而又非毫不相干的终点，便可以造成一种“恍然大悟”式的“笑”，可否举例说明？

徐可：我与启功先生结缘，应该追溯到 20 世纪 80 年代上半叶。1984 年，我考入北京师范大学中文系，启功先生正是北师大中文系的教授。那年启功先生 72 岁，除了带研究生课外，有时也给本科生讲课、开讲座，甚至还给夜大生讲课。

启功先生的弟子赵仁珪、秦永龙教授都是我们的老师，分别讲授古典文学和书法课。他们曾请来启功先生为我们做讲座。我曾经听他讲过书法，讲过《红楼梦》和古典诗词，具体内容记不住了，但他的神采，却是深深地印刻在脑海中的。那时还有同学借机向他求字，或者“截留”他在课上写的字。我们这批学生有福，曾经亲承钟敬文、启功先生等大师謦欬，这是终生受用不尽的宝贵财富。后来的学生就没有这份福气了。

真正与先生“亲密接触”，那是我从北师大毕业以后。1991 年由于一个机缘我们的交往渐渐密集起来，我受到先生信赖，成为一个可以随时出入门庭的忘年交。而我对先生的感情，也就在这长期的交往中，通过一件件小事而逐渐加深。我曾经说过一句话：“在我到了必须对自己的言行负责的年龄之后，我没有崇拜过任何人，但我从不讳言对启功先生的崇拜。”出于对先生高尚人格的尊崇，我曾经写下过大量文章，还出过一本《三读启功》。我做这些，都是为了弘扬先生的精神。

启功先生是一个很好玩的老人，不管你跟他熟不熟，只要跟他在一起待上一会儿，肯定会被他感染。有一个成语“如坐春风”，说的就是这种感觉。他经历过那么多磨难，可是却保持着乐观、开朗的心态，用他自己的话说就是：“手心手背，没心没肺。”熟人之间，他喜欢开些无伤大雅的玩笑。有一次我跟他道谢，他说：“甭谢（卸）了，套着喂就行了！”这是指马呢。

记者：一位国学大师究竟是怎样炼成的？

徐可：世人皆知启功先生是一位大书法家，其实他在诸多方面都卓有建树，只不过他在书法上的名声太大了，以致在某种程度上掩盖住了他的其他“身份”。

最广为人知的当然是他的书法。启功先生的书法博师古人，典雅挺秀，美而不俗，在当代书坛独树一帜，形成一家之风，被人们称为“启功体”或“启体”。特别是他晚期的书法作品，体现了“书贵瘦硬方通神”的风格，中宫紧凑，四外开合。这内紧外放的结体，遒劲俊雅的笔画，布局严谨的章法，体现了“启体”书法特有的神韵，达到了炉火纯青的高超水准。从他的书作中，我们可以明显地感受到他内心的清雅与宁静。似深水静流，又似蓝天闲云，没有张扬，没有造作，只见一派从容和悠然。

细细品味启功先生之书作,那瘦硬刚劲的线条,那法度谨严的结体,那规整有序的布白,无不透射出其坚忍刚毅的品格魅力。书法界这样评价他的书法:"不仅是书法之书,更是学者之书,诗人之书。它渊雅而具古韵,饶有书卷气息;它隽永而兼洒脱,使观者觉得余味无穷。因为这是从学问中来,从诗境中来的结果。"

他不仅从事书法创作实践,而且对书法理论深有研究,形成了自己独特的观点。他对我国古代著名碑帖进行过广泛而深入的考辨,写下了大量的专业论文,对书法史和碑帖史的研究可谓居功至伟。他的《论书绝句》,以一诗一文的形式,系统总结了自己几十年研究书法的心得体会,在书法界具有广泛而深远的影响,被公认为"既是一部书法史,又是一部书法研究史"。他的《论书绝句》和《论书札记》《论书随笔》被学界誉为书论经典。启功先生的书法思想因其独到的创新精神,被称为"启功书法学",被书法界公认为权威的书法理论。

同"书法家启功"的名号相比,"画家启功"的"知名度"似乎就没那么高了,这实在是对老先生绘画水平的"委屈"。启功先生早年作画颇勤,擅山水,风格秀逸,继承了明清文人画的传统。70 岁以后常作兰、竹,构图平中寓奇,以书法之笔入画,明净无尘,清劲秀润,充满书卷气。20 世纪 50 年代,他的画就达到艺术高峰，专家评论他的画最突出的特点是："以画内之境求画外之情，画境新奇，境界开阔，不矫揉造作，取法自然，耐人寻味。"后来由于他的书名大盛，"书债"不断，应接不暇，他只好忍痛割爱，所以他的画作不多，尤显珍贵。

启功先生还是一位高产高质的诗人。先生从小就接受了很好的家学，打下了古典诗词的底子。青年时代，他经常参加同族长辈和诗坛名士溥心畬、溥雪斋等人主持的笔会，与师友谈诗论词、酬唱应和，当时就小有名气。后来他出版有《启功韵语》《启功絮语》《启功赘语》等诗集。他的诗词格律严谨工整，语言典雅丰赡，意境深远含蓄，学力深厚坚实，深具古典风韵。同时又能坚持"我手写我口、我口道我心"的原则，"笔随意到平生乐，语自天成任所遭"。不为古人所宥，写出自己的真情实感，密切贴近现实生活，参用当下词汇，深具现代气息。

特别是一些诙谐幽默的诗，很好地体现了他的人生态度，形成了鲜明的个性特征，为古典诗词的发展作出重要贡献。启功先生的书法作品，很多是书写自作诗词的；而他的画作，均有自己诗词佳句的题跋。诗、书、画在同一幅作品中展现，达到了和谐统一，让人领略到"诗中有画，画中有诗"的境界。

在诗词创作实践的同时，启功先生还对古典诗词发表了很多精辟的见解，从理论上对诗词创作进行了深入的探讨。他从文学发展的角度论述历代诗歌之不同:“唐以前诗次第长,三唐气壮脱口嚷。宋人句句出深思,元明以下全凭仿。”[①]他在给学生讲课时对历代诗歌特点作了这样的总结:“仆尝谓:唐以前诗是长出来的,唐人诗是嚷出来的,宋人诗是想出来的,宋以后诗是仿出来的。嚷者,理直气壮,出以无心。想者,熟虑深思,行以有意耳。”[②]他在《诗文声律论稿》中精辟地归纳了旧体诗的格律,借以诠释古典诗歌的语言艺术,探索诗体的革新,为中国诗的发展寻求出路。

在诗人、画家、书法家的光环后面,启功先生还是一位博学广识、成就卓著的学者。他一生教授古典文学和古汉语,对古代文学、史学、经学、语言文字学、禅学等都有深入而独到的研究,留下了一批富有教益、启迪后人的研究成果。

他是一位红学家。1953年,人民文学出版社决定出版《红楼梦》程乙本。经俞平伯先生推荐,启功先生凭借自己深厚的文史功底为这部文学巨著作注释。俞先生说:“注释《红楼梦》,非元白不可。”在为《红楼梦》作注释的过程中,启功先生写下了《读〈红楼梦〉札记》。《读〈红楼梦〉札记》和他注释的《红楼梦》程

---

①启功:《论诗绝句二十五首》,《启功韵语》,61页,北京:北京师范大学出版社,1996年6月版。

②启功:《启功韵语》,插页,北京:北京师范大学出版社,1996年6月版。

乙本，位列红学研究的必读书目。在这两本书中，他对照自己所熟悉的旗人上层社会文化生活，从朝代、地名、官职、称呼、服饰、礼仪等方面，揭示了曹雪芹运真实于虚幻的艺术手法。

他是我国顶尖级的文物鉴定专家。先生说过："我平生用力最勤、功效最显的事业之一就是书画鉴定。"1947 年，35 岁的启功先生即受聘为故宫博物院专门委员，成为故宫文物鉴定小组中最年轻的成员，在古物馆负责鉴定书画，在文献馆负责审阅文献档案。中华人民共和国成立后，国家文物局邀请谢稚柳、徐邦达、朱家溍、启功先生等组成专家小组。凡有清代书画需鉴定时，时任国家文物局局长的郑振铎先生就说："一定要找启功来！"

1983 年，国家文物局聘请国内顶级专家组成七人小组，对国内各大博物馆收藏的珍品进行甄别鉴定，启功先生和谢稚柳先生担任组长。1986 年，启功先生又被国家文物局聘为国家文物鉴定委员会主任委员。几十年间，他所经眼的书画文物数以万计，还参与了震惊文物界的《出师颂》《淳化阁帖》的收购与鉴定工作，为保护我国珍贵文物遗产作出了卓越贡献，被公认为"不可多得的国宝级人才"。

此外，启功先生在文字学、文献学、语言学、声律学等方面都有过人的成就，一时不可尽述。他学问广博，可谓诸子百家无所不知,三教九流无所不晓。他自戏为“杂货铺”,实则是博学多闻,而且能打通各学科的界限,成为一名通学博儒。

记者:启功先生是帝胄后裔,他的这些学问的取得跟他的出身也有一定关系吧?

徐可:很多人都知道,启功先生是满族人,姓爱新觉罗,是雍正皇帝的第九代孙,典型的“皇亲国戚”。所以,在不少人眼里,他能成为大学者、大艺术家就一点也不奇怪了——人家出身好、有条件嘛。其实,这话只说对了一半。出身皇族是不假,可启功先生却没沾着皇族的半点光。他打小儿就是苦出身,“幼时孤露,中年坎坷”,这才是先生前半生岁月的真实写照。他的一切成就,都得益于恩师的培养和自己的坚持与刻苦。启先生曾诙谐地说过:“本人姓启名功字元白,不吃祖宗饭,不当‘八旗子弟’,靠自己的本领谋生。”他独创“启”姓、自当“始祖”,实际上也是对过去“家世”的一种告别。

1912年7月26日,启功先生出生于北京。尽管贵为帝胄,可是经过九代的演变,他的家道早已中落。他一岁时父亲就去世了,揭开了家族迅速衰败的序幕。幼年失怙的启功先生跟随曾祖父和祖父生活。四岁入私塾读书,以后又师承戴姜福先生学习古典文学,跟随贾羲民先生、吴镜汀先生学习绘画,很快就显示出高于常人的天赋。先生们经常带他到故宫博物院看陈列的古字画，使他在国画鉴赏知识上受到不少启迪和教育，这为他后来的书画鉴定打下了基础。

1922年，年仅10岁的启功先生又遭受了沉重的打击：半年之内，包括曾祖父、祖父在内的五位亲人相继去世，家中只剩下母亲克连珍和未出嫁的姑姑恒季华。“家败如山倒”的严峻现实使他们不得不变卖家产，用来发丧、偿还债务。

在启功先生一家陷入绝境之际，出现了令他感动终生的真情一幕：他的曾祖父和祖父的一些门生，主动周济他们。其中两位先生带头捐钱，并发起募捐，买了七年的长期公债，用其利息来维持一家三口的日常生活。那募捐词中的两句话：“孀媳弱女，同抚孤孙。”启功先生终生难忘，去世前不久说起来还心酸不已。在这样的扶持和鼓励下，启功先生刻苦学习，生怕辜负了他们的希望。少年启功便表现出异常的禀赋，给同学们留下深刻印象。

然而，尽管启功先生无比珍惜学习机会，但经济和精神上的双重压力使他中学未毕业便辍学了。那时他才18岁，一面教家馆赚些钱贴补家用，一面急于谋求一份工作，好养家糊口。1933年，他迎来了生命中最重要的“贵人”——辅仁大学校长陈垣先生，得到先生“写、作俱佳”的赞赏。在了解了启功先生的学识与为人后，陈垣大胆地启用只有中学学历的启功先生到辅仁附中教国文。家境贫寒的启功先生感念陈垣校长的知遇之恩,在工作岗位上兢兢业业地发挥着自己的才干。然而,分管附中的教育学院院长却认为他"中学未毕业就教中学不合制度",把他辞退了。陈垣不改初衷,又安排他到辅仁大学美术系任助教。不巧,分管美术系的仍是那位院长,又以"学历不够"为由将他辞退。艰难之中,向启功先生伸出援手的还是陈垣先生。他始终坚信启功是个有真才实学的青年,不应被埋没。他再次聘请启功回到辅仁大学,执教大学一年级的"普通国文"。从此,他在陈垣校长的身边勤勉工作,培养了一批又一批学生。难得的是,启功先生并没有因为有陈垣校长这棵"大树"的庇护而骄纵自满。两次被解聘的经历使他认识到,自己没有过硬的学历,要想在这所高等学府里安身立命,并且做出一些不负陈校长厚望的成绩来,就必须比别人更加勤奋,以真才实学换得各方面的承认。从此,他就养成了在学术上扎实用功、严于律己的品质,几十年来从未懈怠。1945 年,他就晋升为副教授,并被北京大学聘为兼职副教授,1956 年又被评为教授。即使在反右和"文化大革命"的艰难岁月中,他被划为右派、打成"准牛鬼蛇神",也没有放弃学术研究。他利用运动间隙和休息时间,偷偷地写出学术专著《古代字体论稿》和《诗文声律论稿》,出版后引起学术界广泛重视。

启功先生在书画创作上的骄人成就,同样得益于他几十年的持续努力。他从 6 岁开始临帖，一直到 90 岁高龄，仍每天临帖不辍。他 15 岁拜贾羲民为师学画，后又得吴镜汀、溥心畬、张大千、溥雪斋、齐白石等先生指点与熏陶，用心领悟，终成大家。

启功先生在学术上也从不迷信古人。

启功先生从古人那里吸取了丰富的艺术营养，但对他所崇敬的先辈大家，他同样保持着自己可贵的品格：不泥古，不迷信。他善于与前人“求异”，从先辈大师的经验中发现可以改进创新之处。比如，宋元书法家赵孟頫说：“书法以用笔为上，而结字亦须用功。盖结字因时相传，用笔千古不易。”启功先生通过几十年的实践得出的结论却不同。他认为：“从书法艺术上讲，用笔与结字是辩证的关系。但从学习书法的深浅阶段讲，则应是以结字为上。”他经过多年的探索，发现练字的九宫格、米字格并不准确，因为字的重心聚处并不是在格的中心点，而是在距离中心不远的四角处。根据这些体会，他大胆地修正了赵孟頫“书法以用笔为上”的理论，提出“用笔何如结字难，纵横聚散最相关”的结论。

记者：提到启功先生，人们常常会想到两个人，一个是他的恩师陈垣先生，一个是他的夫人。启功先生对他们的感情令人感动。而在结发之妻于 1975 年病逝后不久，也就是他 66 岁时，他自撰墓志铭：“中学生，副教授。博不精，专不透。名虽扬，实不够。高不成，低不就。瘫趋左，派曾右。面微圆，皮欠厚。妻已亡，并无后。丧犹新，病照旧。六十六，非不寿。八宝山，渐相凑。计平生，谥曰陋。身与名，一齐臭。”好像没有人像他那样，提前27年用打油诗给自己盖棺定论了。那样写，情动于衷，莫贵乎真！

徐可：的确如此。陈垣先生和启功先生的夫人是他生命中非常重要的两个人，启功先生是一个重情重义的至人，他终生对他们怀有深厚的感情。

陈垣校长作为启功先生成长途中一贯的赏识者和坚定的提携者，在启功先生的人生中占据了无可替代的重要位置。启功先生在《“上大学”》一文中特别强调：“恩师陈垣这个‘恩’字，不是普通恩惠之‘恩’，而是再造我的思想、知识的恩谊之恩！”终其一生，启功先生都牢记并感激陈校长的再造之恩。陈垣逝世时，他怀着万分悲痛的心情，一字一泪地撰写了一副情真意切的挽联：“依函丈卅九年，信有师生同父子；刊习作二三册，痛余文字答陶甄。”①在北师大举行纪念陈垣诞辰百年大会时，启功先生跪在地上书写了大会会标。他流着眼泪写下《夫子循循然善教人》

①启功口述，赵仁珪、章景怀整理：《启功口述历史》，105页，北京：北京师范大学出版社，2004年7月版。

一文，回忆陈垣先生对他的耳提面命。为感谢陈垣先生对自己的培养并作永久纪念，他义卖书画作品筹集资金，以陈垣的书斋名命名设立“励耘奖学助学基金”，用于资助和奖励贫困学生。

启功先生对夫人章宝琛的感情更是令人泪下。章宝琛长启功先生两岁，23岁与启功先生成婚。启功先生的婚姻是母亲包办的，是“谨遵母命”的产物。他们结婚之前并不认识，当然更谈不上什么感情。妻子文化程度不高，但是勤劳、善良、贤慧、容忍大度，几乎具有中国妇女一切传统美德。自从她进门之后，家里的一切大事小情都无需启功先生操心，他只需集中精力做他的学问。当生活拮据的时候，她把珍藏的首饰拿出去典卖，换点钱以供家用。她知道启功先生醉心学业，生活再紧，也要留出一部分钱给启功先生买书用。在安葬了母亲之后，启功先生悲伤中想到妻子日夜侍奉老人的辛劳，再也抑制不住自己的感激之情，双膝跪地给妻子磕了一个头。可以说，他们是“先结婚，后恋爱”，他们的感情是在婚后产生、深厚起来的。

真正的夫妻，贵在任何厄境中都能携手同行，不离不弃。1957年，启功先生被划成右派分子，妻子心疼而坚定地劝他：“那么苦的日子我们都挺过来了，还有什么能难倒我们？”“谁批你、骂你，你都不要怕，陈校长知道你是个好人，我也知道你是个好人。”“文革”中，红卫兵抄家，细心的妻子偷偷地把启功先生平素珍爱的书画和文稿用油纸包了一层又一层，深深地埋在后院墙角的深处。直到1975年她一病不起的时候，才把藏书画、文稿的地方告诉了启功先生。

自从妻子病重，悲伤欲绝的启功先生就开始将她的身影言行织进诗篇之中，他为妻子写的《痛心篇二十首》，字字啼血，句句情深："相依四十年，半贫半多病。虽然两个人，只有一条命。我饭美且精，你衣缝又补。我剩钱买书，你甘心吃苦。今日你先死，此事坏亦好。免得我死时，把你急坏了。枯骨八宝山，孤魂小乘巷。你且待两年，咱们一处葬。""梦里分明笑语长，醒来号痛卧空床。鳏鱼岂爱常开眼，为怕深宵出睡乡。"如今，当我重读这些诗篇，仍是泪如雨下，不能自抑。

妻子的去世给启功先生留下了年复一年揪心的痛，每年清明节，他都坚持去墓地"带"妻子回家。他对身边的亲属说："要是我走了，就把我与宝琛合葬在一起。我们来生还要做夫妻。"丧妻之后的启功先生形单影只，做媒的人四面八方涌上门来。但启功先生一心怀念着患难与共的老妻，坚决不同意续弦。为明心志，他还把双人床换成了单人床。同时，他还怀念着他的母亲、姑姑以及其他亲人。他很看重友情，对朋友们有一颗金子般的心。

1993年的一天，我去启功先生家里，见他的脸色很不好。他说,昨天一夜未眠,想念他的母亲、姑姑、老伴,写下一首《中宵不寐,倾箧数钱,凄然有作》。他满怀深情地为我朗诵了一遍,又说:"我夜里睡不着觉,老是想起我最亲爱的人,我的母亲、姑姑、老伴,她们在世的时候,我没有钱让她们过好日子。现在她们都死了,只留下我一个人,要这么多钱有什么用呢?"言语间不胜悲戚。启功先生给人的印象,是乐观开朗、幽默风趣,其实他的内心有大悲哀大痛苦。

记者:启功先生曾论及现行的几种古代文学史教材有一定的局限,因此虽不可不读,也不可"太"读。他本人曾受到了传统通达教育的影响,在诗书画创作、文物鉴定、文学训诂、唐诗研究等方面殚精竭虑,都达到了很高的境界,可说是当代的集大成者。在碑帖之学上,他开拓了新的研究方法,尝作诗论曰:"买椟还珠事不同,拓碑多半为书工。滔滔骈散终何用,几见藏家诵一通。"您能否介绍他在文化传承与建设上的"突出贡献"?

徐可:启功先生是一位杂家、博家、通家、大家。他没有接受过科班教育,这是他的一个遗憾,但也许正是这个"遗憾"成就了他。他说过,他的学问是"东抓一把西抓一把"抓来的。他自嘲是"猪跑学",意即"没吃过猪肉,还没见过猪跑吗"?有感于此,他反对割断传统的做法,对现行的教育方法也颇有微词。他写过一首《如梦令·中国历史博物馆八十周年纪念》:"历史不能割断。今古年经亿万。文化五千春,处处繁荣灿烂。多看,多看,民族光辉无限。”

启功先生认为,我们的教育长期以来有一个问题,就是人为分段,画地为牢。一个学科只能教一个学科的东西,一段只能教一段的东西。比如,中国古代文学就分成先秦、汉魏、唐宋、元明清四段,四段中又按朝代分为若干个小部分,学生只能选择其中的一段去学习,老师只能讲自己的那一段,讲唐诗的就不能讲宋诗,讲宋词的就不能讲清词,否则就越界。实际上宋诗和唐诗之间是有着继承关系的,不能割裂开来。并不是宋朝一建立,唐朝的诗人们就跟着都殉国了。这样培养出来的学生知道的就是他学的那一点点东西,也就培养不出通才。这里实际上也有一个尊重传统的问题。

前面说过,启功先生在《红楼梦》研究上颇有成就。实际上他对《红楼梦》是有自己独特见解的。比如,大家都说“宝黛爱情”是一个伟大的悲剧,说贾母是阻挠宝黛自由恋爱的罪魁祸首,启功先生就不以为然。他认为,第一,在宝玉婚姻问题上起决定作用的是宝玉的父母亲,即贾政和王夫人。贾母虽然在家里有绝对权威,但在这个问题上还是要尊重儿媳妇的意见的。第二,宝玉之所以不能跟黛玉结婚,其实是一个简单的常识问题:从前习惯“中表不婚”,尤其是姑姑、舅舅的子女不婚。如果姑姑的女儿嫁给舅舅的儿子，这叫作“骨肉还家”，更是犯了大忌。黛玉是姑姑的女儿，宝玉是舅舅的儿子，如果黛玉嫁给宝玉就是“骨肉还家”。我们的古人还是很科学的，虽然可以表兄妹通婚，但绝不能“骨肉还家”，那样生出的孩子会有缺陷。这是连农村老太太都知道的常识。所以他主张，对《红楼梦》研究不要神化，要用一颗平常心对待它。他对当时一些现象也有自己的看法，比如对所谓的曹雪芹故居，他就持怀疑态度，说“打死我也不相信”。

启功先生对碑帖有精深的研究，是碑帖学的开拓者之一。他认为，碑帖是很重要的古代文献，其中内容非常丰富。碑文上记有古代的很多事，帖上有古人的书信往来，这为我们研究历史提供了很好的资料。另外，碑帖本身也是很好的书法作品，可以供我们欣赏学习。所以，研究碑帖，主要目的有二：一是研究其中的历史资料，以碑刻文辞证史补事，或校读文辞。二是鉴赏、研究其书法艺术。这二者都很重要。可是很多人往往只注重后者而忽略前者，只注重形式而忽视内容，等于是“买椟还珠”，所以他写了前面那首《如梦令》对这种现象提出委婉批评。

启功先生认为，研究碑帖，是学习书法的一个重要手段，但是一定要防止机械地模仿。他还写过一句诗：“学书别有观碑法，透过刀锋看笔锋。”这是他几十年学碑的心得体会，一定要透过碑刻的表面现象看出原迹的面目。我们都知道碑帖要经过书丹(或摹刻上石)、镌刻、传拓等多道工序,加之年代久远,风化剥蚀,距离原作面目越来越远。学习碑刻书法,要明白刀和毫是两种不同的工具,用刀雕刻的效果和用毛笔所写的效果当然不同。勉强用毛笔去模仿刀刃的效果,那能好得了吗?所以他另有一诗:“少谈汉魏怕徒劳,简牍摩挲未几遭。岂独甘卑爱唐宋,半生师笔不师刀。”这也是他多年研究碑帖的经验之谈。

记者:人们提到启功先生,除了他在学术研究、书画创作、文物鉴定方面的巨大成就外,总要讲到他的为人,他的高尚人格为人称颂。

徐可:有人说:“世无完人,启功例外。”这话当然有点夸张了,不过却在一定程度上反映了启功先生人格的伟大,以及人们对他的无限崇敬和爱戴。中国知识分子的传统美德,仁、义、礼、智、信,他几乎无不具备。凡是有机会跟他接触的人,无不为他的人格魅力所折服。事实上,我跟启功先生交往十几年,我最为尊崇的就是他的品格,他对我影响最大最深远的也是他的品格。

启功先生达观开朗,胸襟旷达,淡泊名利。他 66 岁就给自己写好了墓志铭,表示“六十六,非不寿。……身与名,一齐臭。”他从不把书法当成牟利的工具,不管三教九流,几乎有求必应。他曾经为我写过一副对联:“能与诸贤齐品目,不将世故系情怀。”这正是夫子自道。

启功先生为人谦和，但是外柔内刚，在原则问题上从不退让。1993 年，因为有人假冒他的名义进行所谓的古字画鉴定，他郑重请我代发声明，愤然表示不再为任何个人鉴定字画。有一次，有人自称是某首长秘书，命他写字，被他断然拒绝。“一拳之石取其坚，一勺之水取其净”，这正是他性格和为人的真实写照。

启功先生心地善良，知恩图报，关心社会。他慷慨捐出创作所得，以恩师陈垣书斋名设立“励耘助学奖学基金”。他经常参加赈灾捐献活动，热心慈善事业。他特别重情重义，对母亲、夫人、老师、朋友莫不如此。先生对人彬彬有礼，特别讲究礼节，用北京话讲就是“讲老礼儿”，对我这样的晚辈说话都是称“您”，为朋友题签落款都是“启功先生敬题”，每次必送我到门外……

关于启功先生，那真是说不尽、道不完。他虽然走了，但是永远活在我们这些后人的心里。

（2017 年）

启功研究的集大成之作

——评赵仁珪著《启功评传》

今年是著名书画家、文物鉴定家、诗人、学者、教育家启功先生逝世 12 周年、诞辰 105 周年。然而，至今还没有一部全面介绍他的学术成就和艺术成就的著作，社会大众对他的认知多还止于一个“书法家”，对他在其他方面的成就不甚了了。正如著名学者钟敬文先生诗中所说：“诗思清深诗语隽，文衡史鉴总菁华。先生自拥千秋业，世论徒将墨法夸。”这对一位文化大师来说显然是不公平的，对于文化传承也是一大损失。北京师范大学文学院教授、中央文史研究馆馆员赵仁珪的《启功评传》（北京出版社，2017 年 6 月出版），具有开创性的意义。

赵仁珪教授是启功先生的第一批研究生，师从启功先生研习古典文学。在与启功先生长期的耳濡目染中，赵仁珪想到：我们研究古代文人的生平、思想、作品时,往往因为缺少详细记载而困难重重。启功先生有很多学术成果,大家了解得也不是很准确,需要加以交代。启功先生丰富的遗产,后人肯定会不断阅读,也会有许多疑问。那我与其钻研古人的一句话到底是什么意思,还不如把启功先生的学术思想、诗文著作搞清楚,省得后人又打无头官司。于是自 20 世纪 90 年代末开始,他就把研究方向转为"启功研究"。他协助整理的《启功口述历史》是启功先生本人认可的第一部传记性质的著作,为研究启功先生提供了珍贵的第一手资料。他还出版了《启功研究丛稿》《启功韵语集(注释本)》《论书绝句一百首(注释本)》《启功诗文选赏析》《启功讲学录》(与人合作)等著作,为启功研究做了大量基础性工作。《启功评传》则是这一研究的最新成果。

《启功评传》分为两大部分:第一部分题为"三部曲启功",以启功先生的一生为经线,按照青少年、中年、晚年三段介绍启功先生生平事迹。这一部分用精练的文字概要介绍了启功先生的一生,可以说是一部"启功传"。第二部分以启功先生的为人和成就为纬线,包括"坚净翁启功""书画家启功""鉴定家启功""诗词家启功""学问家启功""教育家启功"六章,分述启功先生的为人和学术、艺术成就,可以说是一部"启功论"。从全书分配比例来看,第一部分即传记部分占一章,第二部分即评述部分占六章。显然,“评”是作者的着力所在,也是全书的亮点所在。

《启功评传》的价值首先在于,它全面展示了启功先生在多方面的贡献和成就,涵盖了启功先生的生平、为人、学术、艺术成就的方方面面,从而使读者能了解到一个全的启功先生、活的启功先生、真的启功先生。这是第一次全面系统深入地总结、论述启功先生的成就。作者自述,他写作本书的一个重要目的,就是想给大家介绍启功先生的真实情况,给喜爱启功先生的人提供一些可靠的材料,为有志研究启功的人提供一些研究线索。众所周知,以“启功热”为表征的“启功现象”方兴未艾,但在复兴中华传统文化的当下,我们还应积极地把“启功热”的“现象”推进为“启功学”的“研究”。我们应深入研究启功先生是如何成为传统文化的全才以及这种全才在当代的社会价值;研究传统文化的方方面面有哪些内在的关系;研究在当代如何才能培养这样的人才;这才是最有意义、也是最现实的工作。从长远的学术发展、传统文化继承上说,必须把“启功之热”变成“启功之学”,厘清他对传统文化的贡献,体现他的文化价值。

其次,《启功评传》特别注重学术性。启功先生不是普通的文化名人,他的书画创作、书画理论、诗词创作、诗词理论、鉴定成就、学术研究、教育思想等都有很高的学术性、专业性,必须以专业的、学术的视角来评价。比如,如何评价启功先生的书画创作和理论成就？启功书法在中国书法史上究竟处于什么样的地位？这就必须根据中国书画基本的特点，从规范的学术角度来评价，而不是仅仅凭感觉或者凭感情擅作结论。作为一位学者，赵仁珪非常注重评传的科学性、学术性，书中对启功先生的评价，无论其为人也好，或者其学术与艺术成就也好，都是建立在学理分析的基础上，建立在具体的作品或实例的基础上，力戒陈言空话。对于他比较陌生的领域，比如文物鉴定，他通过大量阅读相关著作充实自己的知识，力戒说外行话。所有记载与评论皆言之有据，翔实可靠，凡引用的材料都一一注明出处，力求为读者和研究者提供真实可信的宝贵材料，因而有较高的史料价值。

此外，《启功评传》还为我们提供了不少独家资料和独特见解。多年来，我也在尝试宣传和研究启功，注意搜集启功先生著作、启功先生事迹和相关研究文章。但是，阅读《启功评传》，我常有新奇之感，书中有很多资料是第一次见到，不少见解也令我耳目一新。赵仁珪追随启功先生三十余年，深得先生信任，他对启功先生的了解非他人可比。同时，他还阅读了海量的研究专著和文章，注意吸收他人言之有据的研究成果。这种严谨的治学态度，使得《启功评传》成为启功研究的一部集大成之作。

《启功评传》力求以可读之文字体现启功先生这位可读之

人,文字既通顺生动,又精美简约。赵仁珪教授对古典诗词造诣颇深,他在每章开篇都写了一首诗,用诗来介绍启功先生的成就。全书还配有以启功先生书画作品为主的160余幅插图,图文并茂,赏心悦目。

（2017年）

丁

師垂典則

範示羣倫

一九九三年冬日

啓功書

仁者启功

他是一位饱经磨难的皇族后裔，更是一位勤勉睿智的慈和长者；他是一位桃李芬芳的教育大家，更是一位诗书画三绝的文博巨匠。在九十余载的传奇岁月中，他书写了一部恢宏壮丽的人生篇章，也留下了一段真挚动人的爱情故事。他用自己深厚的学术积累和艺术修养，在中华文化史上皴染了一幅浓墨重彩的绮丽山水；也以自身独有的高洁人格与豁达胸怀，为后来者们树起了一座巍然屹立的永恒丰碑……

“学为人师，行为世范。”他以自己一生的忠实实践，完美地诠释了他为北京师范大学所撰校训的丰富内涵。

2005 年 6 月 30 日，是他告别人世、驾鹤西归的日子。那一天，他所执教的北京师范大学悲声一片；设置在北师大英东学术会堂的灵堂，前来吊唁的人们川流不息；入夜，莘莘学子自发地在广场上举办烛光追思会。一周之后，在八宝山革命公墓隆重举行的遗体告别仪式上，一万余人从四面八方潮水般涌来，把真诚的敬意和深厚的哀思献给了他们心中真正的大师。而在北师大专门设立的“网上灵堂”里，更有数十万人以献花、上香、祭酒、燃烛等方式寄托哀思。“厚德承国学一朝千古，落华悲大师翰香百载”；“音容已随仙鹤去，人间常驻翰墨香”；“做事诚平恒堪作人间典范芳德永志，行文简浅显实为旷世鸿儒风雅长吟”……一副副挽联，道不完一代大师的学术成就和高风亮节，诉不尽后人对老人的绵绵哀思和景仰之情。

这位被众人缅怀和爱戴的老人，就是启功先生——我国著名的文物鉴定大师、书画大师、文化大家和教育家。

启功先生的知名度不可谓不高。一提起他的名字，很多人都会说：知道知道，他是大书法家，他的字很值钱，很多人求之不得；对先生了解多一点的，会说：人家是皇族，当然有条件练字作画啦……这就是启功先生吗？是，但不止是这样；这就是真实的启功先生吗？是，但不完全是这样。我国著名民俗学大师钟敬文先生曾赋诗一首，对启功先生的学术成就、艺术成就作出精辟概括和高度评价，同时慨叹世人对启功先生的了解多么肤浅：

诗思清深诗语隽，文衡史鉴总菁华。

先生自拥千秋业，世论徒将墨法夸。

诚如钟敬文先生所评价的那样，启功先生并不仅以书法著称于世。他学识渊博，在文学、史学、语言学、文献学、红学等领域都著述颇丰，卓有成就；他身兼多长，诗词、书法、绘画，都堪称大家；他精通古代文物尤其是书画的鉴定，再复杂的问题一遇到他总能迎刃而解、真假立判。总而言之，他是一位少有的博学通才、文化大家，很难用一个名词来界定他的身份，也很难用一两句话来概述他的成就。那么，这位老人究竟有着怎样波澜壮阔、耐人寻味的人生卷帙呢？他有着怎样高尚的品格，令人们如此怀念、如此爱戴呢？让我们怀着敬仰之情，慢慢地将这岁月的长卷展开……

一、坎坷人生：由帝胄后裔到一代鸿儒

启功，字元白，一作元伯，号苑北居士。很多人都知道，他是满族人，姓爱新觉罗，是雍正皇帝的第九代孙，典型的“皇亲国戚”。所以，在不少人眼里，他能成为大学者、大艺术家就一点也不奇怪了——人家“出身好”，有条件嘛。其实，这话只说对了一半。出身皇族是不假，可启功先生却没沾着皇族的半点光。从一岁丧父起，家里就频遭变故，家道一落千丈。“幼时孤露，中年

坎坷”,这才是启功先生前半生岁月的真实写照;而他的一切成就,都得益于后天自己的坚持与刻苦,得益于家人的全力支持和老师的悉心指导。启功先生曾诙谐地说过:“本人姓启名功字元白,不吃祖宗饭,不当‘八旗子弟’,靠自己的本领谋生。”可见,开朗乐观的他独创“启”姓、自当“始祖”,也是对过去“家世”的一种告别。

1912 年 7 月 26 日,启功先生出生于北京市东城什锦花园胡同 21 号。他的始祖弘昼是清世宗雍正皇帝胤禛的第五个儿子,是皇四子弘历即清高宗乾隆皇帝的同父异母弟弟,被乾隆封为和亲王。尽管贵为帝胄,可是由于是降袭制,爵位逐代降低。到了曾祖父溥良这一辈,受封爵位的俸禄已经不够养家,只能靠教家馆来维持生活。曾祖溥良、祖父毓隆,都毅然向朝廷请求革除封号俸禄,作为白丁走上科举入仕之路。启功先生刚刚出生的时候,他曾祖父的宅第占地近 5000 平方米,有 140 间房屋,家境还是很好的。仅仅过了一年,1913 年 7 月,启功先生刚满一周岁,父亲恒同就因肺病去世,揭开了启功先生家族迅速衰败的序幕。

幼年失怙的启功跟随曾祖父和祖父生活。三岁的时候,按满族习俗,为祈福长寿,祖父让启功拜雍和宫的白普仁喇嘛为师,并接受过班禅大师的灌顶,正式皈依喇嘛教,成了一个记名的小喇嘛，取法号为“察格多尔札布”①。从此，启功先生与雍和宫结下了不解之缘，每年大年初一，他都要到雍和宫去拜佛，一直到他生命的最后几年，因为腿脚行动不便，才委托最亲近的人代他前往。他还满怀虔诚地为雍和宫题写了“大福德相”匾额和“超二十七重天以上，度百千万亿劫之中”的长联。佛教教义对启功先生影响很大，他说：“我从佛教和我师傅那里，学到了人应该以慈悲为怀，悲天悯人，关切众生；以博爱为怀，与人为善，宽宏大度；以超脱为怀，面对现实，脱离苦难。”②后来，他曾长期担任中国佛教协会理事、顾问。

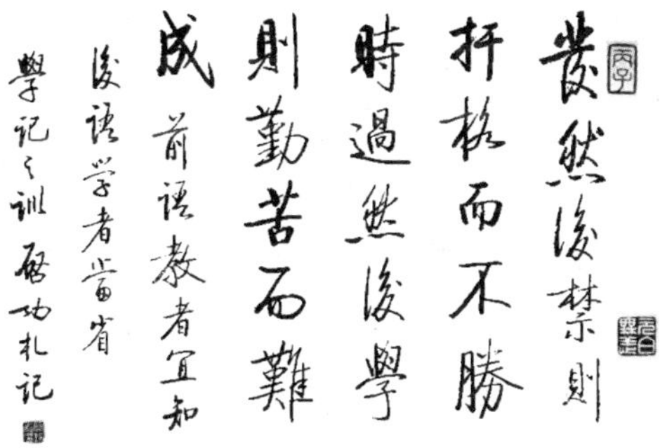

先生手书“发然后禁，则扞格而不胜”

①“察格多尔”是一个佛的徽号，“札布”是“保佑”的意思，意为“佛祖保佑”。

②启功口述，赵仁珪、章景怀整理：《启功口述历史》，第 43 页，北京：北京师范大学出版社，2004 年 7 月版。

启功先生从小就接受了严格的启蒙教育和良好的道德熏陶。他的姑姑虽然没有什么文化，但是想尽一切办法，尽力教他一些简单的知识。他的祖父毓隆特别疼爱他，对他的教育格外用心。因为启功生于壬子年，毓隆因此亲昵地叫他"壬哥"。祖父的字写得很好，他把常用字用漂亮标准的楷书写在影格上，让启功描摹，从而打下了日后学习书法的基础。他还教启功念诗，让他观摩自己画画，后又送他上私塾学习。从两三岁起直到七八岁，启功有时还随曾祖父溥良到河北省易县小住，在那里享受到许多他终生难忘的童年乐趣。10 岁以前，启功的生活虽然清贫，却是快乐安全的。

天有不测风云。1922 年，年仅 10 岁的启功又遭受了沉重的打击：包括曾祖父、祖父在内的五位亲人在半年内连续故去，家中只剩了母亲克连珍和未出嫁的姑姑恒季华。"家败如山倒"的严峻现实，使他们不得不变卖家产，用来发丧、偿还债务。可怜 10 岁的小启功，作为独长孙、"承重孙"，就要作为丧主主持丧事。这对一个年幼的孩子来说，是多么残忍！姑姑恒季华为了教养启功这个一线单传的侄子，毅然终身不嫁，并把自己看作这个家庭中的男人。启功也称姑姑为"爹爹"①。但是，这样孤儿

①按满族人的习俗，"爹爹"是"叔叔"的意思。

寡母的家庭，没有经济收入，生活是相当贫苦的。

颇具讽刺意味的是，这时启功竟被早已退位的小朝廷封为“三等奉恩将军”。原来，清室逊位后，他们还在宫内维持着小朝廷的统治，但一点实际权力也没有，只能管理一下自己的宗室，因此还保留着宗人府机构。当时宗人府的左司掌印奕元，查找了启功家的档案，知道他的曾祖父、祖父因下科场而主动放弃了封爵，他的父亲死得又早，还没来得及封爵号。看启功可怜，便趁着手里还有点权，让他袭了爵号，封了他一个“三等奉恩将军”。其实是一个有名无实的虚衔而已，连一文钱、一两米的俸禄也没有，他家该怎么穷还是怎么穷。有意思的是，这张诰封是丝织的，一段红、一段绿，和清朝原来的诰封完全一样；但任命的内容虽是宗人府拟的，盖的大印却是中华民国大总统徐世昌的，真是不伦不类。从历史文物角度看，它还是有一定价值的，所以启功先生一直保存着它。到了“文化大革命”初期，启功先生赶紧把它烧了，以免招来横祸。

在启功一家陷入绝境之际，出现了令他感动终生的真情一幕：他的曾祖父和祖父的一些门生，看到启功一家生活困难，便把对老师的感恩都回报在他们身上，经常周济他们。启先生的祖父在四川当学政时的两位门生邵从煾先生和唐淮源先生，带头捐钱，并向祖父的其他门生发起了募捐。那募捐词上的两句话，启功先生在九十多岁想起来还心酸不已："孀媳弱女，同抚孤孙。"结果共募集了 2000 元，买了七年的长期公债，每月可得 30 元的利息。这些钱勉强可以维持一家三口的基本生活了。而邵先生和唐先生也就成了启功一家的监护人。邵、唐两位先生鼓励他努力学习，并表示愿意供他上大学、出国留学。启功学习也很刻苦努力，生怕辜负了他们的期望。1924 年，启功考入北京汇文小学。这是一所教会学校，除学习语文外，还有算术、外语，还要读《圣经》。学生可以向老师提问题，进行交流，能引起学习兴趣，他的思想境界开阔了许多。在这种良好的氛围之下，启功不仅很快适应了新环境、学习了新知识，而且结识了很多新朋友，其中包括后来成为考古学家的贾兰坡、成为物理学家的王大珩等。

小学毕业后，为了尽早掌握一技之长以养家糊口，懂事的启功选择了汇文中学的商科。他深知学习机会来之不易，倍加刻苦发奋。在当年的同学录中对启功有这样的描述："元白启功者，世居旧都，睹其貌，观其服，知其然也。言语诙谐而恣肆，举止倜傥而乖僻，见者疑其狂，实则笃信坚贞，恺恻之士，余独知之焉。每寄思于诗词书画，时有慷慨之音，荒寒之韵，流露其间，则可见其不仅爱好已耳。无能遁世，又不能合污同流，故宁学商，所以苟全性命而已。”①

少年启功便表现出异常的禀赋。在小学和中学阶段，启功就师承戴姜福（绥之）先生学习古典文学，又跟随贾羲民（尔鲁）、吴镜汀（熙曾）先生学习绘画，很快显示出了高于常人的天赋。先生们经常带他到故宫博物院看陈列的古字画，观摩古代名家作品。如范宽的《溪山行旅图》，郭熙的《早春图》等，都是启功在那时一再观察过的。有时老师和长辈边看边评论，这就使启功先生在国画鉴赏知识上受到不少启迪和教育。如果他遇到自己不能理解的问题，就当场请教老前辈，疑难问题迎刃而解。就这样积少成多，年少的启功在中国古典文学、历史、书画艺术方面打下了坚实的基础。在汇文小学读书时，他的习作就曾被学校当作礼品赠送给友人。因为他的古文比较好，同学们公推他代表全年级来写级史。在这篇“一九三一级级史”中，他记述了当年勤奋求学的场景：“每见课余之暇，三五相聚于藏书之室，切磋琢磨，同德共勉，为五年率。攘攘熙熙，相观而善。暇则或为指陈当务之文，或作坚白纵横之辩；或出滑稽梯突之言，

①见 1931 年《汇文中学年刊》，转引自侯刚、章景怀编著：《启功年谱》，10 页，北京：北京师范大学出版社，2013 年 1 月版。

或好嬉笑怒骂之论，往往有微旨深意，寓于其间。”①

尽管启功非常珍惜学校的一切，但经济和精神上的双重压力使他学习时始终处在矛盾与不安的情绪之中，最终他读不下去了。1931年，启功中学未毕业便辍学了。中学肄业，成了他此生的最高学历。那一年，他刚满18岁。因此，后来的日子里，启功先生曾多次对人说：“我没有大学文凭，只是一个中学生。”有朋友这样评价启功先生“中学学历”的得与失：没有经过大学学院教育的正规训练，这是他的不幸，更是他的幸运。因为这样一来，他就没有任何学院教育的框框束缚，学杂诸家，不主一说，随心所欲，始终保持着自由自在的思维本色。

启功辍学之后，一面教家馆赚些钱贴补家用，一面急于谋求一份工作，好侍奉母亲和姑姑。1933年，启功迎来了生命中最重要的一位“恩人”，也走上了一生命运的转折点——经曾祖父门生傅增湘先生介绍，他结识了辅仁大学校长陈垣先生，并得到了先生“写、作俱佳”的赞赏与肯定。

陈垣校长不但慧眼识珠，而且有着“英雄不问出处”的胸襟与豪气。在了解了启功的学识与为人之后，他大胆地启用只有

①启功口述，赵仁珪、章景怀整理：《启功口述历史》，56页，北京：北京师范大学出版社，2004年7月版。

中学学历的启功到辅仁附中教国文。家境贫寒的启功能有这份工作实属不易，他感念着陈垣校长的知遇之恩，在工作岗位上兢兢业业地发挥着自己的才干。据他当年的学生、中国工程院资深院士谢学锦回忆："我放眼看世界，就是在初中一年级国语老师启功的熏陶下开始的。启老师讲课生动，引人入胜。在他的熏陶下，我对文学，包括古代的和近代的，中国的和外国的，都产生了极大的兴趣。不仅课本上所选的诗词文赋及小说片段，我用心去阅读欣赏，而且还到学校图书馆去大量借阅各种文学书刊，对文学产生了浓厚的兴趣。"①虽然事实证明了启功足以胜任这一职位，但他还是在不到两年就被辞退了。理由很简单，当时分管附中的辅仁大学教育学院院长张怀坚持认为他"中学未毕业就教中学不合制度"。这对初次步入社会的启功来说，无疑是个很大的打击。

陈垣先生不改初衷，1935年，又安排他到辅仁大学美术系任助教。不巧掌管美术系的也是那位院长，两年后他再次以"学历不够"为由将启功辞退。当时正值北平沦陷时期，在日伪的统治下，物价飞涨，民不聊生。为了维持生活，启功先生只得不辞辛苦，教两处家馆，换取微薄的报酬维持全家生活。稍有闲暇，他

①赵仁珪：《启功评传》，36—37页，北京：北京出版社，2017年7月版。

启功先生与恩师陈垣先生在一起

便潜心读书、研习书画。这时他的绘画作品在社会上已经有了一定的名气,间或可以出售,补贴家用。最困难的时候,在他的九叔祖介绍下,他曾经到当时的伪北平市政府做过三个月的助理员,负责校对档案存卷,这成了他心中永远的悔!

艰难之中,向启功伸出援手的还是陈垣校长。他始终坚信启功是个有真才实学的青年,不应被埋没。于是,当得知启功再次被解聘的消息后,他于 1938 年秋季再次聘请启功回到辅仁,执教大学一年级的“普通国文”。这是陈垣亲自掌教的课程,启功终于不用再担心被人解聘了。从此,他在陈垣校长的身边勤勉工作,培养出了一批又一批学生。难得的是,启功并没有因为有了陈垣校长这棵“大树”的庇护而骄纵自满。两次被解聘的经历使他认识到,自己没有过硬的学历,要想在这所高等学府里安身立命,并做出一些不负陈校长厚望的成绩来,就必须比别人更加勤奋,以真才实学换得各方面的承认。从那时起,他就养成了在学术上扎实用功、严于律己的品质,几十年来从未有所懈怠。

在辅仁大学,启功先生结识了一批前辈学者,如语言文字学家沈兼士先生、目录学专家余嘉锡先生等,他们用功之勤、学问之博、治学之严谨、人品之高尚,都给了青年启功很大的启迪和熏陶。同时,他也结识了牟润孙、台静农、余逊、柴德赓等一批当时还年轻却比他年长的同辈学者。他们经常在一起切磋,互相启发,确实收到解难析疑、相得益彰的实效,真是“谊兼师友”。

1945 年抗日战争胜利后,启功先生晋升为副教授,先后教授过“国文”“中国文学史”“中国美术史”“历代韵文选”“历代散文选”等课程。由于他学识渊博,讲授得法,无论教什么课都得心应手,独具风格,深受学生爱戴,并被北京大学聘为兼职副教授,讲授“美术史”。同时,他还兼任故宫博物院专门委员,负责在文献馆审阅文献档案,在古物馆鉴定书画。此时,他在书画鉴定方面已经崭露头角,与一批前辈宿儒一起参与故宫古字画鉴定、收购工作。1952年,全国高等院校进行院系调整,辅仁大学与北京师范大学合并,启功先生到北京师范大学中文系任教,讲授“中国古典文学”。当时,中国画院正在筹办,他应叶恭绰先生的邀请参与画院的筹办工作,曾到南方进行过调研。当时文化部文物局为培养考古及文物鉴定的专业人员,举办了考古训练班,启功先生被聘为该班的教师,给学员们讲授“中国书画史”及鉴赏知识。同年,启功先生加入了九三学社,被选为九三学社北京分社委员,并被选为中国人民政治协商会议北京市委员会委员,1956年任北京市政协常委,同年被评为教授。

此时,年仅45岁的启功先生风华正茂,满怀着热情立志在教育领域做出一番事业。但是,谁也没有想到,一场突如其来的劫难正在静默之中酝酿着,伺机爆发。1958年,随着轰轰烈烈的“反右派”风暴席卷整个中国,启功先生因为在筹办画院时曾帮过叶恭绰先生的忙,被以莫须有的罪名划为右派,并接连被撤销了教授职称、北京市政协常委和九三学社社员的资格,工资也被降了一级,精神上受到了沉重打击。在这最困难的时候,恩师陈垣先生和妻子章宝琛女士给了他亲切的关怀和默默的支持,使他在逆境中坚持下来,直至1959年摘掉右派帽子。在被划为右派分子期间,他不能上讲台,就利用劳动改造的业余时间潜心学术研究,撰写了大量的论文和书稿。1964年,他的第一部学术专著《古代字体论稿》出版，引起学术界的广泛重视，后几经再版，已成为当今研究古代字体的专家学者和教育工作者的必读之书。

几年之后，史无前例的“文化大革命”猛然袭来，启功先生又被打为“准牛鬼蛇神”，被不断审查，并要接受集中学习和劳动改造，家中也被查封。工资被停发了，他作为“摘帽右派”每月只发15元生活费；因为夫人没有工作，“法外开恩”再加15元。每月30元的生活费，他们的生活越加窘迫。启先生无奈，只得向以前的学生熊尧夫妇借贷度日。直到后来政策松动，被扣工资发还之后，他才把钱还给熊尧。这期间不但扣工资，居然还要扣粮票，害得启先生家几乎断炊。除了生活上的困难以外，更难堪的是政治上的歧视，他不停地接受批判、交代问题，有时还被点名驱出会场。但在这艰难岁月中，他仍利用运动的间隙和休息时间，反复推敲和修改，酝酿了另一部学术著作《诗文声律论稿》，并在1977年由中华书局出版。据启功先生回忆，这部书的结集颇费周折。因为怕人家看到，批他“不好好改造，走白专道路”，所以他在这个时期的著作大部分写在香烟盒、旧信封、小学生作业本的背面。写好后，就塞到一个布口袋里，到1962年，已经装满了四个口袋。后来又用蝇头小楷抄在最薄的油纸上，卷成小卷藏在箱底，躲过“文革”浩劫。

1971年，启功先生以“被挂起来的摘帽右派”的身份，被借调到中华书局点校“二十四史”及《清史稿》。这是一项在毛泽东、周恩来直接关怀下，组织国内数十位一流文史专家参与的伟大工程。在那种特定的历史环境下，启功先生能有这样的机会把自己掌握的知识奉献给祖国，从内心感到高兴。他的具体任务是点校《清史稿》。由于启先生对满人的风俗习惯和历史沿革相当熟悉，所以虽然工作量很大，但点校工作进展顺利，发现并改正了大量的错误。正是经过启功先生和其他专家学者的点校，《清史稿》才有了准确、通行的本子。直到1977年，点校“二十四史”的工作终于结束，启先生从中华书局回到北京师范大学，继续从事教学和科研工作。

经落实政策，启功先生被重新评为教授，再登讲坛，他满腔热情地投入到教学和科研中，奋斗在教学第一线。他不但教本科生的课、带研究生，还主动承担夜大学校的课程，和广大青年一起，在“迟到的春天”里争分夺秒地辛勤耕耘。

1982年，启功先生带头创立了北京师范大学古典文献学专业硕士点，1984年该专业被国务院批准为博士点，启功先生被聘为该专业博士研究生导师，直至逝世前，他一直不顾年迈体弱，坚持工作。2001年又与著名学者钟敬文先生等创办了教育部人文社会科学“民俗典籍文字”学术基地和文艺理论学术基地。20

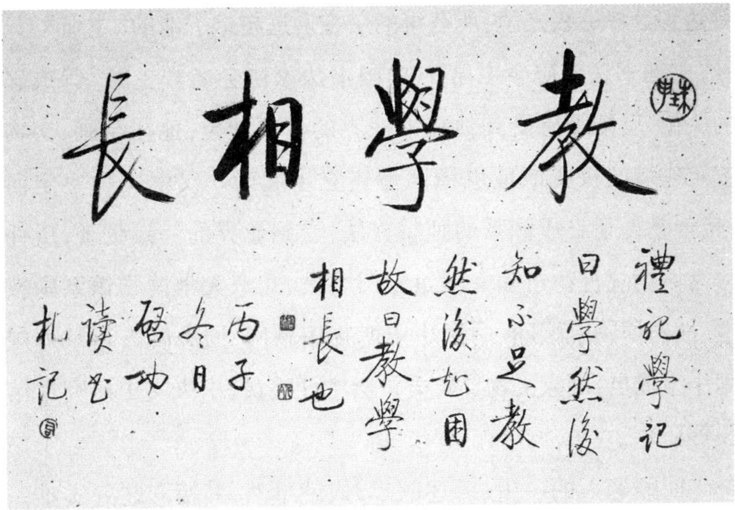

先生手书“教学相长”

多年来培养了一批学有专长的硕士、博士，他们在工作岗位上都取得了相当的成绩。

在固守七尺讲坛辛勤育人的同时，启功先生在学术上的深厚积累和艺术上的精深造诣也日益显现了出来。经过多年的潜心钻研，他开辟了一条研究古代字体和诗文声律的独到蹊径，对古文字学、经学、史学、哲学、宗教学、古典文学等诸多学科了然于心，相继出版、发表了《汉语现象论丛》《论书绝句》等著作和大量论文；而被他称为“业余嗜好”的书法也因长久的坚持与创新达到登峰造极之境，所获得的荣誉远远超过了他的“主业”，只看“中国书法家协会主席”“中国书法家协会名誉主席”等成串的头衔，就能够感受到他在书法界的重要地位；他在绘画、文物鉴定领域的权威地位也稳固地树立了起来。仅就文物鉴定而言，他掌握了自成体系的独特方法，受到业界的一致赞誉，历任故宫博物院古物馆和文献馆专门委员、北京大学博物馆系副教授、故宫博物院顾问、中国历史博物馆顾问、国务院古籍整理规划小组成员、国家文物鉴定委员会主任委员、中央文史研究馆馆长等职。

回顾老人的一生，著述颇丰，成就卓然，其精彩之处实难一一尽述。或许，其弟子赵仁珪教授在老人故去时拟写的这样一副挽联最能概括老人的一生：

评书画论诗文一代宗师承于古创于今永垂鸿业标青史；

从辅仁到师大两朝元老学为师行为范不息青衿仰令仪。

二、博学大师:从诗词书画到文衡史鉴

作为我国当代文化名人,启功先生集诗、词、书、画和文物鉴定、学术研究于一身,是一位享誉国内外的文化大师。

最广为人知的是启功先生的书法。启功先生一生留下了大量的墨宝,可谓“风行天下”,其极高的价值也早已被人们认可。早在1991年时,纵观书画市场,启功先生的一副对联就被标价1.5万元,10年后翻了一番,真当得起“一字千金”的美誉。但是,启功先生却始终把自己“书法家”的身份看得很淡。当有人称他为“书法大师”时,他总是连连摇手,说:“说我是‘书法家’就已经很够了,‘大师’可谈不上啊。其实我写字是臭名远扬,也算不了什么家。”

其实,在书法创作上,启功先生的成就早已蜚声海内外。自20世纪80年代起,已有多种版本的启功书法集陆续出版。行家称他的书法是“采百花之精英,酿自我之蜂蜜”。的确,他的书法博师古人,典雅挺秀,美而不俗,在当代书坛独树一帜,堪称彪炳书史的书界领袖。无论条幅、册页、屏联,都表现出优美的韵律和深远的意境。特别是他晚期的书法作品,体现了“书贵瘦硬方通神”的风格,中宫紧凑,四外开合,极有特点。这内紧外放的结体,遒劲俊雅的笔画,布局严谨的章法,显示了“启功体”书法的

特有神韵，达到了炉火纯青的高超水准，形成一家之风，被人们奉为“启体”。细细品味启功先生的书法，我们能够从中看出他的人品学问。作为当代少有的硕学通儒、文化大师，启功先生的作品里流露出浓浓的书卷气，从他的书作中，我们可以明显地感受到他内心的清雅与宁静。那瘦硬而刚劲的线条，那法度谨严的结体，那规整有序的布白，无不透射出其坚忍刚毅的品格魅力。书法界评论他的书法作品：“不仅是书法之书，更是学者之书，诗人之书。它渊雅而具古韵，饶有书卷气息；它隽永而兼洒脱，使观者觉得余味无穷。因为这是从学问中来，从诗境中来的结果。”

不仅如此，我们还可以从启功先生的书法作品中看出他毕生治学的精辟内容，发现很高的学术价值。他对我国古代著名碑帖进行过广泛而深入的考辨，写下了大量的专业论文，对书法史和碑帖史的研究可谓居功至伟。而他所著的《论书绝句》，以一百篇一诗一文的形式，系统总结了自己几十年来研究书法的心得体会，在书法界有广泛而深远的影响，被公认为“既是一部书法史，又是一部书法研究史”。启功先生另有《论书札记》21则，每则短者仅二三十字，长者不足百字，却涉及结字、运笔、临帖、书体风格等关键问题，既是美到极致的书法艺术精品，又与《论书绝句》一起被学界誉为书论经典。启功先生的书法思想因啓功先生一生以「文字般若」度人，致無上智，在書道旅途上已證得究竟涅槃。

愚弟 饒宗頤 謹讚

二〇〇五年七月三日

饒宗頤

饶宗颐先生手书

其独到的创新精神，已形成“启功书法学”，并被书界公认为权威的书法理论。

这样高妙的书法成就，不经过长期的勤学苦练和真正的用心钻研是不可能得来的。出生在书香门第的启功先生自幼便被祖父督促着练习书法，6岁即临《九成宫醴泉铭》，11岁又学《多宝塔碑》。但是，一开始他也有一般初学者常常遇到的困难，悬腕运笔老哆嗦，描“红字”的成绩也不甚理想。那么，转机出现在什么时候呢？启功先生说过很多次，促使他下苦功练习书法的有两件事：一是来自亲人的刺激。大概在他十七八岁的时候，有一次，他的表舅请他作一幅画，预备精心装裱起来。启功正在高兴，却听到表舅再三叮嘱：画好后千万别在上面题款，我另找人来写吧。言下之意就是：你的字还欠火候啊！受此一激，启功心里很不是滋味，下决心苦练书法。二是来自恩师的激励。启功先生在辅仁大学教书时，陈垣校长非常重视学生的文笔，尤其重视学生作文卷上的批字。他不但重视学生的书法，命启功向全校学生做过书法专题讲演，而且也要求每位教员能写得一手好字。他曾经对启功说：“你要给学生批改作文，学生的字写得比你漂亮，你心里会是什么滋味？”这令启功先生练字之心愈加坚定起来。

当时的启功先生已经临习了大量碑帖，尤以临习赵孟頫、董其昌、柳公权、欧阳询、智永等最勤，积淀了深厚的功力，书法有了很大的进步。陈垣很关心他在书法上的成长，常常观看他的作品，并谆谆劝告："不要用毛笔去模拟刀刃所刻的效果，以免流于矫揉造作之弊。"悟性过人的他深得其理，此后以"自然"为追求之境，做诗云："学书别有观碑法，透过刀锋看笔锋。""少谈汉魏怕徒劳，简牍摩挲未几遭。岂独甘卑爱唐宋，半生师笔不师刀。"

启功先生从古人那里汲取了丰富的艺术营养，但对他所崇敬的先辈大家，他同样保持着自己可贵的品格：不泥古、不迷信。他善于与前人"求异"，从先辈大师的经验中发现可以改进创新之处。例如，宋元书法家赵孟頫说过："书法以用笔为上，而结字亦须用功。盖结字因时相传，用笔千古不易。"于是他用了很多时间，临碑读帖，苦练用笔，一笔一笔地琢磨，如何转变，如何点撇。练了许久，他发现光是练用笔还不行，平着写还可以，一挂起来就"完了"。问题的症结在哪里？经过反复研究，他发现关键在于字的"结体"。

初学书法的人总是在"九宫格"或"米字格"里下笔，把方格分为若干等份，这样，所有字的中心都无形中被"统一"在了格子的中心位置。但按实际情况，汉字字形相差甚远，每个字的重心不一定在中心，不能上下左右都定三等份。他采用了一个更符合字形结构的划分方法，就是“五三五”的不等份，上下左右的份儿较大，中间的份儿较小，较好地解决了以前的问题。他还发现，字形结构存在着先紧后松、左紧右松、内紧外松的规律，而历来的“横平竖直”之说也不可尽信，平、直之中其实是有变化的，否则写出来的字就“傻”了。这个发现使他对书法有了更深刻的认识——形似、神似之别首先在于字的结构，结构有了灵气，就做到了神似；其次，才是用笔的肥瘦方圆。写字时，心中先要有这个字的骨架子，即所谓“胸有成竹，写起来笔下就有底了”。

于是，启功先生把历代名家的碑帖用透明格纸放大，用心描笔，从名家的笔画结构距离上，找到了结字的规律。根据这些体会，他大胆地修正了赵孟頫“书法以用笔为上”的理论，提出“用笔何如结字难，纵横聚散最相关”的结论。他选择了一条先有结构，后有笔法，“以结字为先”的书法道路，认为“从书法艺术上讲，用笔与结字是辩证的关系。但从学习书法的深浅阶段讲，则应以结字为上”，并推算出字的重心聚集处并不是在传统的米字格的中心点，而是在距离中心不远的四角处，它们之间的比例关系正符合所谓的“黄金分割率”。这些具体的理论都对学习书法有重要的指导意义。

启功先生总是用浅显形象的比喻，揭示出书法练习的真谛，把原本专业的知识转化成普通人都能够理解的语言。例如，他曾以音乐和草书的联系做过精妙的比喻。他说，音乐与书法有着相通的道理。草书就如同演奏“快板”，无论快到什么程度，也不会漏掉其中的任何一个音符。所以，“急管繁弦”和“雍容雅奏”实际上是没有差别的。在短时间内演奏过的音乐，若能给人以“咫尺有千里之势”之感，那就必然是难得的佳作。

关于书法，启功先生有一句特别的名言：“我的字是写大字报练出来的！”原来，在“文化大革命”时期，学校把所有被审查的对象分为三类人：一类是关起来；一类是挂起来；再一类是靠边站。启功先生被列入挂起来的一类中，处境稍微好一些，还可以参加运动，跟造反派一起讨论和学习。那时候大字报如潮，造反派都喜欢找启功先生抄，因此他写的字一时成了学校有名的大字报体。有时时间紧迫，造反派们直接往席棚墙上贴白纸，命令他站着面对席棚墙直接写。如此挥毫几年后，竟练就了他独特的“站功”，笔也练得放开了。后来，当启功先生的书法誉满海内外，成为千金难得之“国宝”时，北师大校园内还出现过搜寻“文革”中启功先生所抄的“大字报”与“小字报”的热潮。启功先生事后回想，总认为这段经历对自己的书法大有帮助，他认为这段时间是他书法水平长进最快的时期。他总结出抄大字报的“五大好处”：一是写起来不心疼纸；二是写好以后挂在墙上好坏能一眼看出来；三是他们这些有学问的“分子”每天都必须看这些大字报，从而越发地能比较出其中的优缺点来；四是很多激动的场合要在已经上墙的纸上去写，从而练起了悬腕和悬肘的功夫；五是养成“大家不择笔”的风度，不管什么笔抓起来就能写。从这里，足以看出先生对于书法的痴爱：正是因为有大量的机会泼墨挥毫，才使他苦中作乐，度过了那段艰难的岁月。

同“书法家启功”的名号相比，“画家启功”的“知名度”似乎就没那么高了，但这实在是对老先生绘画水平的“委屈”。启功先生早年作画颇勤，善山水，风格秀逸，继承了明清文人绘画的传统。70岁后常作兰、竹，构图平中寓奇，以书法之笔入画，明净无尘，清劲秀润，充满书卷气。可以说，他的画同样是从学问修养中出来，高华冶逸，卓尔不群，包含着治学修养和人生经历。

启功先生从小就酷爱绘画，绘画是他一生中用功最勤的事业之一。幼时看到祖父拿着笔蘸上墨彩，在扇面上涂抹几笔，就勾勒出活灵活现的花鸟竹石，他惊讶不已，便萌生了要学习画画的强烈愿望，于是也拿起了笔，正式走上学画的路程。

15岁时，他拜贾羲民先生为师学画，后经贾先生介绍师从著名传统画家吴镜汀先生，并得到溥心畬先生、张大千先生、溥雪斋先生、齐白石先生的指点与熏陶，可以说得到当时最优秀画家的真传。吴先生教画极为耐心，每每启功先生画了一幅有进步的作品，拿去请先生指教时，总是得到先生的鼓励。吴先生告诉他，十八九岁正是艺事猛进的时候，应当努力自勉。吴先生并针对他的作品，专门把极关重要的窍门指出，每次指教都使他有新的领悟，再画时水平又进一步提高。有时吴先生在讲到某派的画法时，还随手表演一番，确切地给他指出某家某派的特点。时隔几十年，启功先生还经常回忆起跟随吴先生学画的情景。20世纪90年代，启功先生花重金从海外收购回吴镜汀的一大卷山水，并出资由香港《名家翰墨》杂志社出版。启功先生终生保留着他与吴先生合作的一幅扇面，作为对先生永久的纪念。

还在汇文小学上三年级的时候，启功的一幅绘画习作就被学校作为礼品赠送友人。在师长的指导下，启功的绘画创作很快走上坦途，取得了骄人的成绩。刚过20岁，他就加入了溥雪斋先生发起的"松风画会"，时与画会成员切磋交流。20岁左右，青年启功的画已小有名气，渐有机会接触著名画家溥心畬等人。启功先生回忆溥心畬："先生写字到兴高采烈时，末笔写完，笔已离开纸面，手中执笔，还在空中抖动，旁观者喝彩，先生常抬头张口，向人'哈'地一声，也自惊奇地一笑……"一次张大千与溥心畬先生一起作画，二人面对面各坐案子两边，一人一纸，随手挥去，一张纸上或画一树一石，或画一花一鸟，画完随手就掷向对方，对方接过丢来的画稿，立时就根据原意补上几笔，然后再丢回去。没有事先的商定,也没有临时的交谈,完全根据对对方的理解,如此穿梭接力几回,一幅幅精美的作品便产生了,而且张张都是神完气足,浑融一体,完全看不出有任何拼凑的痕迹……大约不到三个小时就画了几十张,中间还给旁观的人画了几幅扇面。溥先生很看重年轻而有才的启功先生,经常邀请他参加书画界名人的聚会,对他加以点拨,使启功先生受到很大启发。齐白石先生也很喜欢启功,总管他叫“小孩儿”,常念叨:“那个小孩儿怎么老没来?”

1933 年,21 岁的启功为陈垣校长画了一幅《窥园图》。小桥流水将画面分为远、近两部分,构图严谨,着色淡雅,以青绿为主,透出一股灵气,颇得清初“四王”的意趣。1934 年所作的“师元人法”的山水八帧,1937 年的拟“元四家”的“山水四条屏”,以及之后创作的《拟大痴道人(黄公望)笔》《仿黄鹤山樵(王蒙)夏日山居图法》《拟王山樵山水》《倪元镇(倪云林)幽淡之趣》等画作,笔力已相当成熟,走的是典型的中国文人画的路数。1938 年,他创作了《戏效米家云山再临米书》的中堂,在中国画学会于中山公园来今雨轩举办的画展中获得三等奖。1942 年夏,在中山公园举办的画展上,启功先生的作品又获得一等奖。1946 年,经溥雪斋先生介绍,启功加入北平美术会,被选为理事。在广泛师法前人的基础上,他逐渐形成自己的风格,绘画成就走

啓元伯書畫展專頁

日期：八月六日至十日

會址：中央公園水榭南廳

啓元伯先生畫展簡介

啓元白書畫展贅言

畫展介紹

新吉福德祿

同仁製藥社

早年间某报“启元伯书画展专页”。先生曾分别于 1938 年 12 月、1942 年夏在中山公园举行书画展。此次当为其中之一向高峰期。1949 年,启功先生参加北平“新国画研究会”(1951 年改组为“中国画研究会”),任执行委员。启功先生年轻家贫时也曾作画卖钱,以贴补生活,以至不少佳作流入社会。专家评论他的画最突出的特点是:“以画内之境求画外之情,画境新奇,境界开阔,不矫揉造作,取法自然,耐人寻味。”近几年来,每年的书画拍卖,都能见到启功先生早期的绘画作品,并被爱好者出高价收藏,足见其珍贵。但在“反右”运动中,他在画院被打成右派,这严重挫伤了他对这项事业的热情,再加之当时提倡要巩固专业思想,于是只得封笔,而把全部精力放到教学上。

改革开放以来,随着文艺春天的到来,启功先生才重执画笔,但由于书名太高,“书债”太多,所以绘画作品并不太多,因而尤显珍贵。值得一提的是,每当陈垣先生寿辰之日,启功先生不论事务多忙,总要亲自作画献上,表达弟子的一片心意。启功先生还为国家的文化事业和外交事业创作过不少作品,多以山水、松竹、兰菊、香荷等为题,件件都是风格独到的珍品。中南海、全国政协礼堂、中央文史馆、钓鱼台国宾馆等处都收藏有启功先生的书画佳作。他常风趣地说:“我这里是咱们的礼品制造公司。”1985 年,我国第一个教师节的前夕,启功先生花去整整一个暑假的时间,为北京师范大学绘制了一幅长一丈二尺的巨幅画卷《竹石图》,作为向教师节的隆重献礼。图中巨石岿然、瀑布倾泻、新竹拔节、枝叶繁茂，充分体现了人民教师的高尚纯洁和无私奉献精神。这幅画一直悬挂在北京师范大学主楼的会议室里，成为该校的“镇校之宝”。启功先生还为向全国教育工作者祝贺春节绘制过《苍松新箨图》，为感谢帮助他筹集“励耘奖学助学基金”的香港友人而绘制了八尺整纸的巨幅春、夏、秋、冬四季竹石图各一幅，为书画界留下了无价之宝。此后，启功先生的画作仍以竹石花卉为主，尤以画竹著称。先生所画之竹，深受文与可、郑板桥影响，既有文与可的气势，又有郑板桥的灵秀；花卉最喜荷花兰草，蕴蓄着一股高洁雅致的君子气；画石喜学“拜石为兄”的米芾，笔笔都充满了感情。

为表彰启功先生在书画方面的成就，2000 年文化部向他颁发了“兰亭终身成就奖”；2002 年又颁发了“造型表演艺术创作研究成就奖”。这是对启功先生高超技法的肯定，也是对他高尚品格的褒扬。

古典诗词创作和研究是启功先生的另一手“绝活”，称他为一位独具风格的当代旧体诗人是毫不为过的。先生在童年时代就对诗词有浓厚的兴趣，并背诵了大量的名家名篇。启功先生在 92 岁高龄时，还能清晰地忆起当年祖父把他搂在膝上，打着节拍、摇头晃脑地教他吟诵东坡《游金山寺》一诗的情景：

> 我家江水初发源，宦游直送江入海。闻道潮头一丈高，天寒尚有沙痕在。中泠南畔石盘陀，古来出没随涛波……江山如此不归山，江神见怪警我顽。我谢江神岂得已，有田不归如江水！①

虽然年幼的启功先生还不能理解诗中的含义，但是那抑扬顿挫的音节征服了他，他像是在听一首最美丽、最动人的音乐一样，从而对诗产生了浓厚的兴趣。诗词的优美韵律引领他走进了这座神圣的殿堂。青年时代，他经常参加同族长辈和诗坛名士溥心畬、溥雪斋等人主持的笔会，与师友谈诗论词、酬唱应和，打下了坚实的创作功底，诗词创作在当时就已小有名气。当时溥心畬住在恭王府后花园的翠锦园，每年当翠锦园的西府海棠盛开时，溥心畬先生必定邀请当时知名文人前来赏花、吟诗、作画。启功先生到辅仁大学执教以后，在治学、授业、书画创作之余，也常就生活中遇到的人物、事件、器物、风景、书画作品等抒发情感，进行评论，创作了大量优秀的诗词作品。后来恭王府翠锦园归了辅仁大学，园中建了司铎书院。书院中种有海棠，每当

①启功口述，赵仁珪、章景怀整理：《启功口述历史》，47页，北京：北京师范大学出版社，2004年7月版。

海棠花枝繁茂时,陈垣便命青年教师们赋诗,启功先生曾创作《社课咏春柳四首拟渔洋秋柳之作》《社课咏福文襄故居牡丹限江韵》《清平乐·社课咏落叶》《司铎书院海棠二首》等诗词,已收入《启功韵语》。这些诗是他青年时期的代表作。

1989年,启功先生的第一本诗集《启功韵语》出版,他在自序中说:“这本小册子,是我从十几岁学作仄仄平平仄的句子开始,直到今年,许多岁月中偶然留下的部分语言的记录”,是“一些心声友声的痕迹”。1994年和1999年,第二本诗集《启功絮语》、第三本诗集《启功赘语》又陆续出版。之后这三本诗集又合订为《启功丛稿·诗词卷》及《启功韵语集(注释本)》。启功先生的诗很好地体现了继承与创新的辩证创作观:格律严谨工整,语言典雅丰赡,意境深远含蓄,学力深厚坚实,深具古典风韵;同时又能坚持“我手写我口、我口道我心”的原则,“笔随意到平生乐,语自天成任所遭”。不为古人所宥,写出自己的真情实感,密切贴近现实生活,参用当下词汇,深具现代气息。特别是一些诙谐幽默的诗,很好地体现了他的人生态度,形成了鲜明的个性特征,为古典诗词的发展作出重要贡献。启功先生的书法作品,很多是书写自作诗词的;而他的画作,均有自己诗词佳句的题跋,诗、书、画在同一幅作品中展现,达到了和谐统一。观其画,赏其书,吟其诗,使人神舒意畅,回味无穷,再次领略到“诗中有画,画中有诗”的境界。古人称这类作品为“三绝”，而启功先生的作品堪称当代“三绝”之冠。启功先生的诗集出版后，在社会上引起强烈反响，专家们评论他的诗词“功力深厚，风格鲜明，完美地运用了古典诗词的固有形式，巧妙地运用了现代新词语、新典故以及俚语、俗语，形成了他的诗词的独特风格，充分体现了新时代的特点，为古诗词如何继承与创新树立了良好的典范”。他的诗“各体兼备，风格多样，足见他正在探索诗作的革新，为中国诗的发展寻求出路”。

在诗词创作实践的同时，启功先生还对古典诗词的创作发表了很多精辟的见解，从理论上对当代古典诗词的创作进行了深入的探讨。他从文学发展的角度论述历代诗歌之不同：“唐以前诗次第长，三唐气壮脱口嚷。宋人句句出深思，元明以下全凭仿。”他在给学生讲课时对历代诗歌特点作了这样的总结：“仆尝谓，唐以前诗是长出来的，唐人诗是嚷出来的，宋人诗是想出来的，宋以后诗是仿出来的。嚷者，理直气壮，出以无心。想者，熟虑深思，行以有意耳。”这一论断对几千年来诗歌发展的历史作出了深入浅出的透彻分析，给学生以很大启发。他在《诗文声律论稿》中精辟地归纳了旧体诗的格律，借以诠释古典诗歌的语言艺术，探索诗体的革新，为中国诗的发展寻求出路；他提出了论诗文声律的“平仄竿”理论，认为汉字的音节平平仄仄相间重叠，人才能喘过气来，可见格律诗的韵律是根于生理自然的……这诸多平实而又精妙的理论，为后人的学术研究和实际创作提供了良好的借鉴。

在“诗人”“画家”“书法家”的光环背后，启功先生还是一位博学广识、成就卓著的学者。他一生教授古典文学、古典文献，对古代文学、史学、经学、语言文字学、禅学等都有深入而独到的研究，留下了一批富有教益、启迪后人的研究成果。

1953 年，人民文学出版社决定出版《红楼梦》程乙本。经俞平伯先生推荐，启功先生凭借自己深厚的文史功底为这部文学巨著作注释。俞先生说：“注释《红楼梦》非元白不可。”在为《红楼梦》作注释的过程中，启功先生写下了《读〈红楼梦〉札记》。《读〈红楼梦〉札记》和他注释的《红楼梦》程乙本，位列红学研究的必读书目。在这两本书中，他对照自己所熟悉的旗人上层社会文化生活，从朝代、地名、官职、称呼、服饰、礼仪等方面，揭示了曹雪芹运真实于虚幻的艺术手法。他以清代贵族家庭生活和风习，说明宝黛爱情悲剧并非如有些人所说的有什么深意。黛玉是贾母的外孙女，而宝钗是王夫人姊姊的女儿，贾母虽爱黛玉，但对“隔辈人”的婚姻要尊重孙子母亲即王夫人的意见，“因为婆媳关系是最要紧的”。同时，旧时习惯“中表不亲”，如果姑姑的女儿嫁给舅舅的儿子，叫作“骨肉还家”，更犯大忌。诸如此类的解读为红学研究提供了全新的角度与思路，也使得老先生在红学研究领域的权威地位不可动摇。启功先生还把自己在这方面的研究成果应用于古典文学的教学之中，帮助学生阅读好这部古典名著。1975年，他参与了北师大中文系《红楼梦注释》一书的编写工作，这本书解决了当时教学的燃眉之急。1987年，在他的指导下，北师大出版社出版了《红楼梦》程甲本，为红学研究者和爱好者正确学习和理解《红楼梦》提供了方便。

20世纪60年代，启功先生作《古代字体论稿》和《诗文声律论稿》，前者将文字研究和书法研究结合在一起，是文字学的重要论著；后者以简驭繁，是研究诗文声律的独到之作；80年代，启功先生作《汉语现象论丛》，揭示了汉语自身的独特规律，被学界评价为"拓荒之作、空谷足音"；而2004年出版的《启功讲学录》，虽是学生的整理稿，但充分展现了他博雅通学的学术特点；累时多年的《启功丛稿》，更是其学术之大成，其中有关碑帖、艺术的考辨文章，更不是一般学者所能道其万一的。

启功先生自幼聪颖过人，才华出众，记忆力惊人，涉猎的书籍非常广泛，且过目不忘，直到老年还能准确说出某事出自某书某章。在后来的数十载教学生涯中，他又本着严谨踏实的治学精神，走上了专业规范的治学道路。他能在学术论证中处处显示出自己独辟蹊径的聪明才智，发别人所未发，道别人所未道。

他学问广博,可谓诸子百家无所不知,三教九流无所不晓。启功先生的学术成果,不仅不会随时间流逝而减损,反而会日益凸显其经久不衰的独特价值。

本身是诗人、书画家,又具备旁人难以企及的文史知识和学术功底,这样的条件使启功先生成了担当文物鉴定之职的不二人选。事实也正是如此,启功先生的名字在文物鉴定界可以说是一块分量极足的“金子”。“他一般不发表什么意见,但一旦说了,我们都认为就是他说的那样了。”“启功先生眼力就是厉害。”同行朴实而中肯的评价充分反映了先生的名望之高、造诣之深。启功先生自己也从不讳言对文物鉴定这一“行当”的喜爱,他曾说过这样的话:“我平生用力最勤、功效最显的事业之一就是书画鉴定。”出于这种喜爱,启功先生鉴定过成千上万的艺术精品,并写了大量精辟的论文,如《山水画南北宗说考》《兰亭帖考》《孙过亭〈书谱〉考》《〈平复帖〉说并释文》等,对大量存在争议的文物珍品给出了令人信服的结论。著名鉴赏家傅熹年曾叹道:“这是只有靠多方面的学识和高度的鉴赏能力相结合才能做到的。”

启功先生最初感受到书画鉴定的乐趣,是得益于他的启蒙恩师贾羲民。贾先生是文人,学问广博,又会作画,在书画史和书画鉴定方面有过人之处。他经常带着年少的启功到故宫去看书画藏品，观摩学习、借鉴画法，同时给启功讲一些书画鉴定的基础知识。这段时光使启功有机会接触大量的书画精品，如范宽的《溪山行旅图》、郭熙的《早春图》等。而贾先生结合书画实例，将那些文物鉴定的抽象知识娓娓道来，可谓事半功倍、效果卓著，使启功对文人画有了进一步的了解，明白了何谓真画假题、假画真题、半真半假的作品，等等。后来的岁月里，启功先生也保留了多方观摩、多方请教的习惯，经常到琉璃厂等地的古董字画店向民间的行家里手请教，从这些“民间学者”身上获得了很多宝贵的实践经验。几十年的勤奋努力，加上过人的悟性、广博的积累，终于使启功先生的鉴定眼光达到了超越前贤的境界。

1947 年，35 岁的启功先生即受聘为故宫博物院专门委员，成为故宫文物鉴定小组中最年轻的成员，在古物馆负责鉴定书画，在文献馆负责审阅文献档案，整理清代史料。中华人民共和国成立后，国家成立文物局，负责对流散在社会上的文物进行收购鉴定工作。文物局从上海请来谢稚柳和徐邦达，从杭州请来朱家济，在北京邀请了启功先生，组成了专家小组。每遇疑难问题，必约请先生参加。凡有清代字画时，时任国家文物局局长的著名学者、作家郑振铎先生就说：“一定要找启功来！”1954 年，国家文物局举办文物干部培训班，启功先生等一批专家被邀请为培训班学员讲课，为培养文物人才做了许多工作。今天许多文物界的骨干都是培训班的学员。1979 年，启功先生的《笔谈建国三十年来的文物考古工作》在《文物》杂志发表，为中华人民共和国文物研究史上一篇不可多得的总结性著作。

1983 年，国家文物局聘请国内顶级专家组成七人小组，对国内各大博物馆收藏的珍品进行甄别鉴定。这项工作，在文物界可以说是前无古人后无来者的伟大工程，整整凝结了一代人的心血。启功先生不仅被邀参加小组，并和谢稚柳一起担任组长，负责整体鉴定工作。启功先生非常重视这项工作，在教学任务繁重、事务缠身的情况下，每年至少拿出三个月，行程几千里，辗转于全国各地鉴定书画。通过八年的时间，专家组摸清了中国内地书画收藏的所有家底。作为成果，最后结集成了《中国古代书画图目》（24 集）、《中国古代绘画大全》（谢稚柳主编）、《中国古代书法大全》（启功主编）。单凭这一件事，启功先生就可以说是中国文物界的泰斗。

1985 年，启功先生被国家文物局聘为国家文物鉴定委员会委员，1986 年任主任委员，其间所经眼的书画文物当数以万计。除书画外，还对出土文物及古代书籍进行鉴定，如王安石书《楞严经要旨》、宋代龙舒本《王文公集》等。2000 年后，启功先生还参与了震惊文物界的《出师颂》《淳化阁帖》的收购与鉴定工作，为保护我国珍贵的文化遗产做出了卓越贡献，被公认为“不可多得的国宝级人才”。

关于启功先生在书画鉴定方面的功力,有很多真实的事例为证。一位香港朋友出巨资购买了几幅古代书画,并不惜在银行里租了保险箱保存起来。启功先生到香港讲学时,这位先生邀请他去欣赏并鉴定真伪。启功先生稍看片刻,就十分肯定地对那位朋友说:“你赶快取出来吧,这些书画还不如你租保险箱花的钱多。”还有一次,香港举行的书画拍卖会上高价拍卖某位名家的字画,一位朋友动了心,准备购买一幅。启功先生细细观察,发现朋友相中的那幅无疑是赝品,就迎向他,紧紧握住他的手左右摇动。那位朋友遂心领神会,避免了一大笔损失。

启功先生之所以能够取得如此卓越的成就,主要原因在于:他是一位学者型和艺术家型相结合的鉴定家,能透过现象,深入本质,从多方面考察,从而发现别人所发现不了的问题。他知识面广,对中国的传统文化有深入广博的研究,熟悉与书画相关的各种知识,掌握更多可利用的信息;他擅长文献考据,懂得驾驭文献信息的方法,一旦发现相关问题,能用科学的方法进行考辨,可以将艺术研究与学术研究结合起来;他有多年书法绘画的实践经验,深谙其中的艺术规律及具体技法,深谙各家各派的风格特点,见多识广,从而能够达到“观千剑而后识器”的境界。例如,他以传世《曹娥碑》文辞之谬误,断定其并非如人们所说的那样是王羲之所书；他从宋代书籍中得到启发，推断传世颜真卿《竹山堂联句诗》实系宋人用于黄绢屏障的临摹品。他还考证了孙过庭《书谱》墨迹是原本，怀素《自叙帖》墨迹本不是苏舜钦补缺本；对旧题为唐"张旭草书古诗帖"的真实年代作了周密科学的考辨；对陆机《平复帖》作了全文通释与考订……这一桩桩令人叹服的事例，都是先生鉴定功力最好的证明。

几十年来，经过启功先生手眼的艺术精品成千上万。由于他对历代作品的特征和作者风格了然于心，善于科学地运用他掌握的历史资料和自身深厚的文化积淀，从书法史、绘画史和作者所处时代的社会背景、风俗人情以及作者本人的艺术风格、创作习惯等方面全面分析，解决了许多长期悬而未决的历史公案，为文物鉴定工作做出了巨大贡献。

启功先生不仅身体力行地鉴定文物，而且对鉴定工作始终保持着思考与探究的热情。他曾针对书画鉴定工作中的流弊，提出中肯而深刻的"三议"：

一议：书画鉴定有一定的模糊度。受学术水平、思想方法、主观偏好、外界影响等多方面的限制，鉴定家不可能总是正确的，故谦虚谨慎、承认鉴定工作的局限性，应是做鉴定工作唯一科学的态度。

二议：鉴定不只是真伪的判别，还存在一些"中间情况"。如古法书复制品、古画摹本、后加伪款的无款古画、真假拼配、代笔、直接作伪等，其中有些不是用真伪二字所能套上去的，要仔细分析，认真体认，并要敢于自以为非，实事求是地承认自己不懂。他举前人的事例说，凡肯说或敢说自己不清楚、没懂得、待研究的人，必定是一位真正的大鉴定家。

三议：鉴定中有世故人情。书画鉴定工作除限于鉴定者的水平造成失误外，还有可能因社会上的种种阻力作出不公正的结论。他根据所知的真人真事总结出八条：一、皇威，二、挟贵，三、挟长，四、护短，五、尊贤，六、远害，七、忘形，八、容众。

这宝贵的“三议”，既论及鉴定工作的原则、方法，也强调鉴定者自身的业务和品质修养，提倡头脑冷静，谦虚谨慎，实事求是，正确认识自己，虽以书画鉴定为题，但对于一切研究工作而言，都有真理性的指导价值。

三、无私园丁：从学为人师到行为世范

中央电视台“东方之子”的名人访谈节目曾邀请“大书法家”启功先生接受采访，可是启功先生在节目里一再声明：“我称不上书法家啊，我首先是一个教师，然后勉强算是一个画家，书法只是我的业余爱好而已。”熟悉启功先生的人都知道，这句话不是启功先生一时的自谦，而是他经常挂在嘴边的“名言”，反映

了他真实的想法和对教书育人这份神圣职业的尊重与热爱。

启功先生的教书生涯，始于1933年陈垣校长推荐其在辅仁大学附属中学教授国文。从此以后，除了中间被迫短暂离开过教育岗位外，他毕生从事教育事业72年，从事高等教育70年，是辅仁和师大的两朝元老，也堪称我国资深的教育家，为祖国培养了一大批优秀人才。在他的思想里，“为人师表”是世间第一等高尚的事情。所以，他毕生以“教师”为自己的主业，其他种种看来辉煌的头衔，统统归入“副业”之属。

启功先生讲课是很有方法的。深入浅出，化繁复为简明，化深奥为平易，是他授课方式的一大特色。为人慈和的启功先生从不板起面孔吓唬学生，所以总让人感到读书求学是一项愉快的活动，从而自发地认真听课、积极钻研。令昔日学生记忆犹新的是很多有意思的小事。比如，讲到比较枯燥的诗歌格律问题时，启功先生怕学生们不易听懂，就用工整的墨笔字和朱笔符号亲手绘成“律诗平仄表”，令学生们产生一目了然、简明清晰之感，很快掌握了诗歌韵律的变化规律。先生还很注意教学与科研的紧密结合，总是从科研实践中总结经验、探索规律，再用这些经验去丰富教学内容，提高教学水平。由于启功先生在学术研究上的领先地位，学生们就经常有幸在课堂上接触到学界研究的“前沿”信息了。比如，在《历代韵文选》课上，启功先生给学生们讲敦煌变文,从敦煌石室的发现,到大批藏品的被掠,再到《张义潮变文》《王昭君变文》和《燕子赋》等学术内容,使学生们顿时开阔了眼界,产生了浓厚的兴趣。后来不久,王重民、启功等校录编辑的《敦煌变文集》出版,学术界出现了敦煌文学的研究热,学生们才恍然大悟:原来先生是把当时最“前卫”、最新的学术研究成果传达给他们了。

启功先生作为一代名师,除了给学生以知识的润泽和学业的指导外,还给了他们世间最珍贵的无私“师爱”。他对学生既严格要求,又和蔼可亲,对学生的点滴进步和成果,都给予热情的鼓励和肯定,随时关心他们的健康成长。中文系有位教授,长期担任启功先生的助手,协助他培养了许多硕士、博士,但是由于年龄原因,一直没有评上博士生导师。启功先生认为这位教授是完全够格的,为此事一直牵肠挂肚。后来,他专为此事致函国家教委等相关部门。在他的不懈争取下,这位教授终于评上了博导,启功先生心中的一块千斤大石才落了地。文学院教授童庆炳也曾经满怀感激地向学生谈起这样一件事:20 世纪 90 年代初,他处于思想上的低潮,情绪一度低落,尽管试图掩饰,但还是被老师启功先生发现了。启功先生不但专门找他促膝谈心,还写了一副对联送给他,鼓励他克服烦扰和困难,好好做学问。对联用的是陆游晚年的诗句:“万卷古今消永日,一窗昏晓送流年。”这给了童庆炳很大的启发和鼓励。后来，童庆炳将自己的书房取名为“消永日斋”，就是为了表达对启功先生的感谢。“一个好老师关键就在于能够在学生遇到困难的时候，伸出温暖的手，鼓励他、支持他，给他以精神上的力量。启功先生一直都是这样，这是我永远也忘不了的。”

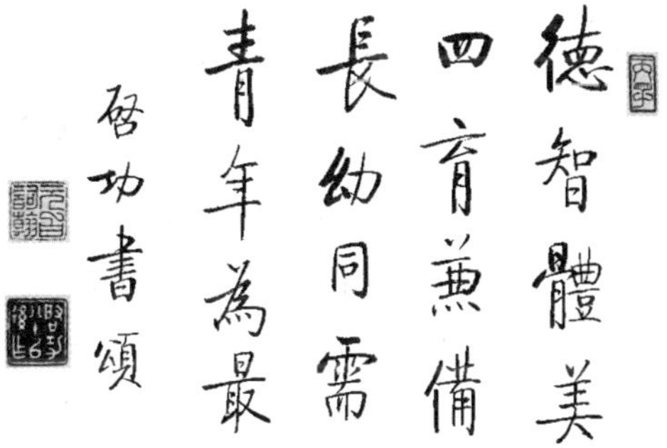

先生手书“德智体美”

启功先生眼中的学生没有高下之分。本科生请他做报告，他也总是欣然答应、准时到场，一口气讲很长时间，毫不惜力。报告散场，学生送他回家，在路上继续讲，一直到家为止。有一年学生毕业之时，天气正热，年事已高的启功先生却和钟敬文先生一起到场了。集体合影之后，学生们还要分别与两位大师一起留影。他们二位坐在椅子上，学生们一个一个轮流站在他们身后，快门也随之闪了一次又一次。启功先生笑着说："我们成了道具了！"话语间流露出浓浓的愉悦和慈爱。

启功先生眼中的学生亦没有亲疏之分。对本系的学生，他真心关爱；对外系甚至外校的学生，他一样大力扶持。2003 年 8 月，北京大学艺术学系的一个硕士生，为了完成关于近代国画的学位论文，想向启功先生请教 1949 年前"中国画学研究会"的情况，启功先生欣然答应。从下午 3 点到 6 点，谈了整整三个小时。曾经作为该会成员的启功先生，为这名学生提供了大量鲜活的、感性的第一手材料。由于名声在外，经常有不认识的青年登门求教，启功先生很理解他们渴望学习的心情，总是热情接待、耐心辅导。他还利用业余时间，主动要求为夜大的学生上课，并在政协的会议上多次提出加强业余教育的提案，积极建议办好业余教育和函授教育。

启先生为学生讲课，从来都毫无保留，从来都不惜力惜时。有一学期，启先生的课按计划讲完后，学生没听够，启先生也觉得没有尽兴，便主动决定延长课时，但校方回答说教室实在排不开了。正当大家一筹莫展之际，启先生说："这有什么难的，咱们干脆到你们宿舍去讲。"于是，一个特殊的"宿舍课堂"开课了。一间小小的学生宿舍，挤满了十五六个人，有先生的研究生，也有本系的青年教师，还有慕名来"蹭课"的外系师生。

启先生谈笑自如，旁征博引，大家听得如痴如醉，获益良多。几门课程就在这学生宿舍里完成了，成为古今中外教育史上少有的佳话。

除了在学业上指点学生，启功先生还心系学生们的生活和成长，经常拿自己的积蓄资助经济困难的学生。2002 年，他拿到兰亭终身成就奖的 8 万元奖金后，转手就捐给了学校的贫困生。曾经有不少初中学生的家长辗转找到启功先生，想求一幅字来帮助孩子进入重点高中就读。每当遇到这样的事情，启功先生不管认识不认识，一概都会爽快地把字送给家长。启功先生还有一个未了的心愿：1997 年，启功先生曾打算陆续创作一批书法作品，与荣宝斋签订协议，由荣宝斋专营，将所获利润全部用于捐助中文系的贫困学生。但是，因为先生身体状况一直不佳，尤其是眼疾长期不愈以致“视茫茫”，此事始终未能着手。尽管如此，他的无边大爱，仍是学生们心中一笔宝贵的精神财富。

1997 年，在北京师范大学建校 95 周年时，启功先生受学校委托，拟定并亲自题写了“学为人师，行为世范”的校训。这一校训不但是天下为人师者恪守的信条，也正是启功先生作为一个教育工作者从教 70 多年的生动写照。对学生精心的培育和真心的爱护，启功先生在教书育人的园地里同样硕果累累。在启功先生常年的悉心培养下，一大批青年学者逐渐成长起来，分别被评为教授、副教授、研究员或副研究员，有的已经成为博士生导师，日益成为文学界、语言学界的骨干力量。他们携热情而来，拥才学而去，散布在祖国的大江南北，为我国社会主义建设的各项事业做出了巨大的贡献。而启功先生由于在教育事业上成就卓著，于1998年、1999年和2001年先后被评为“北京市师德标兵”和“北京市职业道德明星”，并获得教育部颁发的“高等学校教学成果二等奖”。更为重要的是，启功先生用自己完美的人格赢得了全体学生的真心热爱。“天丧斯人长已矣，我失其怙且偷生。”先生之风在学生们心中重似泰山，永世留存！

四、一世深情：师生情深、夫妻情浓、朋友情真

启功先生的一生是坎坷的，但坎坷的命运也给了他一笔宝贵的财富，那就是恩师的鼎力扶持、妻子的相濡以沫、朋友的患难与共。而启功先生自是一位重情重义的至人，他珍视这一切，眷恋这一切，也用自己的行动默默地回报着这一切。

提起启功先生，必提陈垣校长。陈垣校长作为启功先生成长途中一贯的赏识者和坚定的提携者，在启功先生的人生中占据了无人可代的重要位置。启功先生在《“上大学”》一文中特别强调：“恩师陈垣这个‘恩’字，不是普通恩惠之‘恩’，而是再

造我的思想、知识的恩谊之恩！”

启功先生和陈垣校长的交往，始于1933年启功先生中学毕业之时。当时启功祖父的一位老世交傅增湘先生把启功举荐给了陈垣。傅增湘嘱咐他：“无论能否得到工作的安排，你总要勤向陈先生请教，学到做学问的门径，这比得到一个职业还重要，一生受用不尽的。”这句话在此后的岁月里得到了充分的印证。陈垣先生对学生情谊之纯、之真、之深，使启功先生终生难忘。他曾动情地回忆道：“我从21岁起得识陈垣先生，直到他去世。受陈老师教导，经历近40年。”40年中，陈垣校长留给启功先生的，是学品、人品全方位的熏陶。

启功先生到辅仁大学教大一国文时，陈垣常常为他“面授机宜”。他告诉启功应该在教每一课书前，都准备得非常熟练。启功先生有幸能到陈垣校长授课的课堂上亲聆教诲，观摩启发式的教学方式，看漂亮实用的板书。后来启功先生说：“当时师生之友谊，有逾父子。”在北师大为老校长陈垣举行诞辰百年纪念时，启功先生说：“老校长教导我的样子，我现在蘸着眼泪也能画出来。”果然启功先生流泪写下了《夫子循循然善诱人》一文，回忆初入辅仁大学教大一国文时陈垣先生对他的“耳提面命”：“（一）教一班中学生与在私塾里教几个小孩不同，一个人站在讲台上要有一个样子。人脸是对立的，但感情不可对立。（二）万不可有偏爱、偏恶，万不许讥诮学生。（三）以鼓励夸奖为主。不好的学生，包括淘气的或成绩不好的，都要尽力找他们一小点好处，加以夸奖。（四）不要发脾气。你发一次，即使有效，以后再有更坏的事件发生，又怎么发更大的脾气？万一发了脾气之后无效，又怎么下场？你还年轻，但在讲台上即是师表，要取得学生的佩服。（五）教一课书要把这一课的各方面都预备到，设想学生会问什么。自己研究几个月的一项结果，有时并不够一堂时间讲的。（六）批改作文，不要多改，多改了不如你替他作一篇。改多了他们也不看，要改重要的关键处。（七）要有教课日记。自己和学生有某些优缺点，都记下来，包括作文中的问题，记下以备比较。（八）发作文时，要举例讲解。缺点尽力在堂下个别谈，缺点改好了，有所进步的，尽力在堂上表扬。（九）要疏通课堂空气，你总在台上坐着，学生总在台下听着，成了套子。学生打呵欠，或者在抄别人的作业，或看小说，你讲得多么用力也是白费。不但作文课要在学生座位行间走走，讲课时，写了板书之后，也可下台看看。既回头看看自己板书的效果如何，也看看学生会记不会记。有不会写的或写错了的字，在他们座位上给他们指点，对于被指点的人，会有较深的印象，旁边的人也会感兴趣,不怕来问了。”[1]在以后几十年的教学生涯中,启功先生怀着深厚的感念与敬爱之心谨遵师嘱,将老校长传授的教学方法忠实地秉承了下来。

陈垣校长对启功先生不但在事业上青眼有加、着意提拔,而且在生活上也时常给他以细心的照顾。启功先生被划成右派以后,工资停发,只剩下每月 30 元的生活补助费,只好变卖自己心爱的书画藏品。一次,陈垣先生去逛琉璃厂,发现了在“荣宝斋”展出的一些书画,马上认出是启功家里的。他随即买下书画,送到启功家里,还给了启功 100 元钱贴补家用。启功先生拿了钱,不好意思地对老师说:“我家里地方太小,实在没办法,卖了它们图个清爽、干净。”话虽如此,但老师的关怀让启功先生心存感激,鼓舞着他在逆境中坚持下来,并用学术上的建树来回报师恩。

陈垣先生不但是一位学识渊博的学者,也是一位心系民族安危的爱国者。在北平沦陷的日子里,他曾因辅仁大学拒绝挂日本国旗而遭威胁,然而他大义凛然:“生我所欲也,义我所欲也,二者不可得兼,舍生而取义者也。”他更语重心长地对启功先

①启功:《夫子循循然善诱人——陈垣先生诞生百年纪念》,《启功人生漫笔》,4—5 页,北京:同心出版社,2002 年 7 月版。

生说:“一个民族的消亡,是从民族文化开始的,没听说,民族文化不消亡,民族可以消亡。我们要做的是,在这个关键时刻,保住我们中华民族的文化,把这个继承下去。你我要坚守教书阵地,只管好好备课,教书,这也是抗战!”陈垣先生的这种品质,对启功先生产生了莫大的影响。抗战胜利后,辅仁大学教授英千里担任北平市教育局局长,想从辅仁大学再找几位老师做他的助手。他看中了年轻有为的启功,想要启功去担任科长,薪水比当教师高出许多。启功先生去向陈老师请教。老师问:“你自己觉得怎样?”启功先生说:“我‘少无宦情’。”老师听了哈哈大笑:“既然你并无宦情,我就可以直接告诉你:学校送给你的是聘书,你是教师,是宾客;衙门里发给你的是委任状,你是属员,是官吏,你要惟命是从。你想想看,你适合干哪个?”启功先生明白了,立刻告辞回来,写了一封信,感谢那位教授对他的器重,婉言辞谢了他的邀请。启功先生拿着这封信去请陈垣先生过目,老师看了没别的话,只说:“值三十元。”这“三十元”到了启功先生的耳朵里,就不是银圆,而是金圆了。

1971年,恩师陈垣去世,当时的启功先生还处在被“挂起来”的阶段,无法进入灵堂吊唁。怀着万分悲痛的心情,他一字一泪地撰写了一副情真意切的挽联:“依函丈卅九年,信有师生同父子;刊习作二三册,痛余文字答陶甄!”晚年,当启功先生回首平生，依然感恩陈垣老师，他是把老师的职责与父亲的关怀都担在了肩上，这种恩情，即使有来生也报答不尽。

幸遇恩师，启功先生在感激之余总是念念不忘如何回报这深厚的情谊。每当陈垣先生寿诞之日，启功先生总要亲自动笔，或书或画作为寿礼奉上。1961 年，为祝贺陈垣先生 82 岁寿辰，启功先生精心为老师绘制一幅扇面。金色的背景上，苍松虬劲，红日高悬，象征着老师的恩泽和旺盛的生命力；而启功先生饱含深情、用工整的小楷题写的诗句："万点松煤写万松。一枝一叶报春风。轮囷自富南山寿，喜值阳春日正东。"更是将弟子的感恩之心表露无余，表达了师生之间水乳交融、情深意厚的感人境界。而陈垣先生逝世之后，启功先生更是用一件件益事、一桩桩善举，履行着自己"一枝一叶报春风"的誓言和心愿。

1980 年，北京师范大学为纪念陈垣校长 100 周年诞辰，决定在全国政协礼堂隆重举行纪念大会。启功先生闻讯心情激动，主动请命承担书写主席台会标的任务。会标中每个字的直径在一米左右，是不折不扣的"大字"。启功先生当时住在小乘巷，住房很小，也没有写大字的抓笔。年近七旬的老人就自制工具，把四尺整张的宣纸铺在屋当中最开阔却不足两平方米的地上，把毛巾团起来制成一支特殊的抓笔，双膝跪地书写起来。在一旁帮忙的学生感动地问："先生怎么下跪了？"启功先生回答："给老师下跪,有什么不应该呢?”就这样,启功先生写一张、晾一张,整整用去一个上午,写出了“纪念陈垣校长诞生一百周年”12 个工工整整的大字,表达自己对恩师的一片赤诚之心。

1988 年 8 月,启功先生义卖书法绘画作品,以筹集资金为北师大贫困学生设立奖学助学基金。为感谢陈垣先生对自己的培养并作永久纪念,启功先生谢绝了人们用“启功奖学金”命名的提议,而是将其命名为“励耘奖学助学基金”。“励耘”是老校长陈垣的书斋名。陈垣先生生前曾吟诗云:“老夫也是农家子,书屋于今号励耘。”启功先生说:“我自老师去世后,即想找一种办法来纪念陈老师的教泽,又想不同于一次两次的纪念活动,便想到筹划一笔奖学助学基金,定时赠给学习、研究以至教学有卓著成果的和需要资助的同学们、同志们,借以绵延陈老师的教泽,为祖国的科学教育培养更多的人才,或可以上报师恩于万一。”“以先师励耘书屋的励耘二字命名,目的在于学习陈垣先生的爱国主义思想,继承和发扬陈垣先生辛勤耕耘、严谨治学的精神,奖掖和培养后学,推动教学和科学研究事业的发展。”为及早募集到足够的资金,此后两年的时间里,已近八旬高龄的启功先生几乎达到了“手不停挥”的创作境界,常常是夜半书写,还捐出 1 万元作为装裱费。1990 年 12 月,在陈垣先生诞生 110 周年之际,“启功书画义展”在香港隆重举行,从 300 多幅作品中选出的

100 幅字、10 幅绘画,被香港热心教育的人士认购一空,加上启功先生应社会各界需要所写的 100 件作品的酬金,共筹得人民币 163 万元,全部用于今后奖励和资助贫困学生。这种高风亮节不仅使北师大师生深受教育,也在教育界引起了广泛影响。而在启功先生看来,这只是报答师恩的必然之举。著名佛教领袖赵朴初先生题诗赞曰:“输肝折齿励耕耘,此日逾知师道尊。万翼垂天鸾凤起,千秋不倦诲人心。”①

除了恩师陈垣,最深烙在启功先生心怀之中的就是他的老伴章宝琛了。“我这一辈子有两个恩人,一个是陈垣老师,一个是我的老伴。但他们两个都是为我窝着一口气死去的。”先生晚年的感慨令人动容。

章宝琛女士长启功先生两岁,满族人,23 岁与启功先生成婚,1975 年去世,骨灰埋在启功先生母亲和姑姑的墓旁,是年启功先生 63 岁。

虽然启功先生和章宝琛伉俪情深,堪称模范夫妻,但他们的相识并没有多少浪漫色彩,相反却是“谨遵母命”的产物。当时,启功先生正忙于寻找职业,根本没有结婚成家的念头,但母亲和姑姑却一心期望找位好姑娘照顾年少多磨的启功。启功先生是

①转引自赵仁珪:《启功评传》,460 页,北京:北京出版社,2017 年 7 月版。

个很孝顺的儿子,稍加考虑就答应了母亲的要求,并很快与母亲相中的姑娘章宝琛举行了简朴的婚礼。

由于事先并不认识,启功先生与妻子开始并无太多共同语言。但渐渐地启功先生发现,这位文化程度不高的妻子竟是一位难得的知己。她勤劳、善良、贤慧、容忍大度,几乎具有中国妇女一切传统的美德。自从她进门之后,家里的一切大事小事都无需启功先生操心。早晨一睁眼她就默默地干活,把一切操持得井井有条,无论多么累,从来没有一句怨言。启功先生交游甚广,常有一大帮朋友来家里聚谈,一侃就是半夜,章宝琛不但不嫌吵闹,而且笑意盈盈地端壶倒水,从不插言。当生活拮据的时候,妻子便把珍藏的首饰拿出去典卖,换钱做点好吃的,留着启功先生回来吃。她知道启功醉心学业,所以每月生活再紧,也总要留出一部分钱给启功先生买书用。

章宝琛对启功先生的母亲和姑姑也照顾得无微不至,真心把两位老人当作自己的亲人。在启功先生母亲和姑姑病重期间,她日夜守候在婆婆和姑姑床前,侍奉左右,尽心尽力,毫无怨言,先后送她们安详离世。1956 年,启功先生母亲逝世之前,在病榻上拉着儿媳妇的手说:“我只有一个儿子,没有女儿,你就跟我的亲闺女一样。”在安葬了母亲之后,启功先生悲伤中想起妻子日夜侍奉老人的辛劳,想到她深明大义,对自己又体贴入微,再也抑制不住自己的感激之情,双膝跪地给妻子磕了一个头。

真正的夫妻,贵在任何情境中都能携手同行、不离不弃。1957 年“反右派”运动中,启功先生被划成右派分子。妻子心疼而坚定地劝他:“那么苦的日子我们都挺过来了,还有什么能难倒我们?”“谁批你,骂你,你都不要怕,陈校长知道你是个好人,我也知道你是个好人。”她深知启功先生爱讲话,“烦恼皆因多开口”,就经常把自己的经验告诉他:“有些不该讲的话,你要往下咽,使劲咽着……”妻子一颗金子般的心,给了启功先生莫大的安慰与勇气。

“文革”中,红卫兵抄家,细心的妻子偷偷地把启功先生平素珍爱的书画和文稿用纸包了一层又一层,深深地埋在后院墙角的深处。直到 1975 年她一病不起的时候,才把藏书画、文稿的地方告诉了启功先生。

在启功先生受命点校《清史稿》的 1971 年,章宝琛由于常年的贫困生活积劳成疾,患上严重的黄疸性肝炎。1975 年,她病情加重,怀着对启功先生的不舍之情永远地闭上了眼睛……

老伴的去世给启功先生留下了年复一年揪心的痛。每年的清明节,他都坚持去墓地“带”妻子回家。他对身边的亲属说:“要是我走了,就把我与宝琛合葬在一起。我们来生还要做夫妻。”1979 年,北师大党组织正式为启功先生平反,宣布右派系错划，并为他加了一级工资，他却让给了更加需要的人，并在人们的疑惑中喟然叹曰："改与不改，对我都无所谓了。当初知道我被划为右派分子特别为我揪心的两个人，一个是我老师陈垣，一个是我老伴，现在，这两个人都不在了……"说至此，不禁潸然泪下。

丧妻之后的启功先生形单影只，做媒的人四面八方涌上门来。虽然一心为先生着想的章宝琛在逝世之前就曾多次劝其再找个老伴共度晚年，但启功先生一心怀念着患难与共的老妻，坚决不同意续弦。热心的介绍人竟来查房，一看见屋里摆着双人床，就说启功先生肯定有意。启功先生知道以后，干脆把双人床换成了单人床。

妻子身体尚康健时，启功先生很少为她写诗，因为他们的爱情是真挚、深沉的，无需张扬；可是，自妻子病重之日起，倍感心痛的先生就将她的身影言行织进诗篇之中了。他为妻子写了《痛心篇》，由20首诗组成，字字啼血，句句情深：

结婚四十年，从来无吵闹。
白头老夫妻，相爱如年少。
先母抚孤儿，备历辛与苦。
得妇喜常言，似我亲生女。

相依四十年，半贫半多病。
虽然两个人，只有一条命。
我饭美且精，你衣缝又补。
我剩钱买书，你甘心吃苦。
今日你先死，此事坏亦好。
免得我死时，把你急坏了。
枯骨八宝山，孤魂小乘巷。
你且待两年，咱们一处葬。
强地松激素，居然救命星。
肝炎黄胆病，起死得回生。
愁苦诗常易，欢愉语莫工。
老妻真病愈，高唱乐无穷。
（以上一九七一年秋作，病起曾共读，且哭且笑。）
老妻病榻苦呻吟，寸截回肠粉碎心。
四十二年轻易过，如今始解惜分阴。
（一九七五年初，其病已见危笃。）
为我亲缝缎袄新，尚嫌丝絮不周身。
备他小殓搜箱箧，惊见衷衣补绽匀。
病床盼得表姑来，执手叮咛托几回。
“为我殷勤劝元白，教他不要太悲哀。”

君今撒手一身轻，剩我拖泥带水行。
不管灵魂有无有，此心终不负双星。
梦里分明笑语长，醒来号痛卧空床。
鳏鱼岂爱常开眼，为怕深宵出睡乡。
狐死犹闻正首丘，孤身垂老付飘流。
茫茫何地寻先垄，枯骨荒原到处投。
妇病已经难保。气弱如丝微袅。
执我手腕低言，“把你折腾瘦了。”
“把你折腾瘦了，看你实在可怜。
快去好好休息，又愿在我身边。”
（病中屡作此言）
只有肉心一颗。每日尖刀碎割。
难逢司命天神，恳求我死她活。
自言我病难好。痛苦已都尝饱。
又闻呓语昏沉，“阿玛刚才来到。”
（满人称父曰阿玛）
明知呓语无凭。亦愿先人有灵。
但使天天梦呓，岂非死者犹生。
爹爹久已长眠，姐姐今又千古。
未知我骨成灰，能否共斯抔土。

（先胞姑讳季华，不嫁，与先母同抚功成立，卒葬八宝山公墓，先妻骨灰即埋于穴旁，功自幼呼胞姑为爹。）[1]

他还将先妻的镜匣放在身边珍藏着，经常对镜长吟：

岁华五易又如今。病榻徒劳惜寸阴。
稍慰别来无大过，失惊俸入有余金。
江河血泪风霜骨，贫贱夫妻患难心。
尘土镜奁谁误启，满头白发一沉吟。[2]

凋零镜匣忍重开。一闭何殊昨夕才。
照我孤魂无赖住，念君八识几番来。
绵绵青草回泉路，寸寸枯肠入酒杯。
莫拂十年尘土厚，千重梦影此中埋。[3]

---

①启功：《痛心篇二十首》，《启功韵语》，35—37 页，北京：北京师范大学出版社，1996 年 6 月版。

②启功：《见镜一首。时庚申上元，先妻逝世将届五周矣》，《启功韵语》，73 页，北京：北京师范大学出版社，1996 年 6 月版。

③启功：《镜尘一首，先妻逝世已逾九年矣》，《启功韵语》，93 页，北京：北京师范大学出版社，1996 年 6 月版。

有一次,启功先生心脏病突发,正在紧张抢救之中时,突然“眉开眼笑”,吓得身边医护人员以为他“神经错乱”。原来,先生在迷糊之中突然念及往事,想起曾与老妻就她死后自己会不会再“找对象”一事赌下“输赢账”,而自己至今坚持不娶,已是彻底地赢了,故而忍不住露出欢颜。事后,先生还专门就此写下《赌赢歌》,深刻表现了他对老妻的忠诚和挚爱,令人感慨万千。

妻子去世后多年,启功先生还不愿与朋友谈起亡妻的旧事,甚至不愿与人一起去游山玩水。他说看见别人双双相随,就会触景生情,想起老妻而伤心。他在一首悼亡诗中写道:

先母晚多病,高楼难再登。
先妻值贫困,佳景未一经。
今友邀我游,婉谢力不胜。
风物每入眼,凄恻偷吞声。①

启功先生一生无儿无女,妻子去世后,他一直过着孤独而清苦的生活。他把卖字画和稿费所得的200多万元人民币全部捐

---

①启功:《古诗四十首·十一》,《启功赘语》,16—17页,北京:北京师范大学出版社,1999年7月版。

给了北京师范大学，而自己却住在简陋狭小的房子里。他不止一次对朋友说：“我们（指自己和妻子）是‘有难同当’了，却不能‘有福同享’。因此今天我的条件越好，心里就越不好受，特别是我今天得到的一切，已经觉得名不副实了，怎么能安心地享受这一切呢？我要钱、要物、要名、要那么多身外之物还有什么用呢？我只有刻苦一点，心里才平衡一些。”这是对妻子实实在在的悼念和缅怀，个中深情，感天动地！

1993年，81岁高龄的启功先生又写下一首饱含感情的《中宵不寐，倾箧数钱，凄然有作》：

钞币倾来片片真。未亡人用不须焚。
一家数米担忧惯，此日摊钱却厌频。
酒酽花浓行已老，天高地厚报无门。
吟成七字谁相和，付与寒空雁一群。

启功先生平生还很看重友情，对朋友有一颗金子般的心，从不忘记曾经关心帮助过自己的人。他在文博界、书画界有许多老朋友，大多是国宝级的人物，几十年的莫逆之交使他们心灵相通。在工作之余，他们经常走动，促膝谈心，研习学术，其乐无穷。朋友们常请启功先生题书签、写牌匾、作序言，先生都欣然

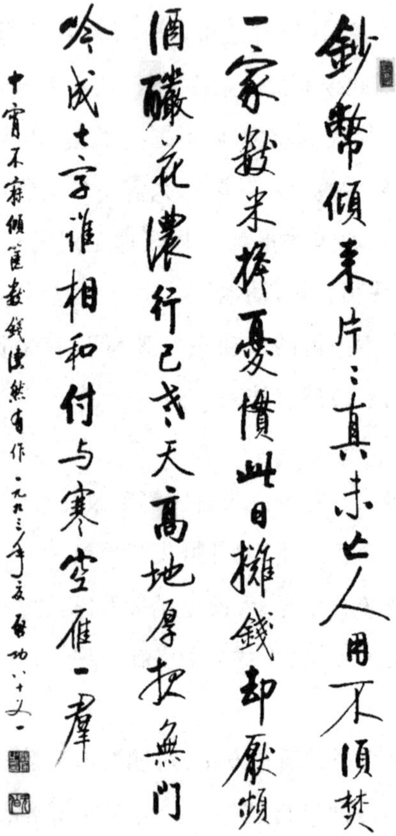

先生手书“中宵不寐，倾箧数钱，凄然有作”

接受,并且保质保量地认真完成。用他的话说,是“掏心窝子”的认真,确保“准时交卷”。他还时常拿自己的心爱之物赠与友人,因为在他心中友情重似千斤。有一次,他偶然得到一方好砚,喜爱到了不忍释手的程度,还特意赋诗一首曰:“年七十九得此砚,磨墨适手书适腕。掌上浮云才一片,伴我几时姑且看。”①不久之后,一位来访的友人“慧眼识珠”,也对此砚赞不绝口。启功先生立即忍痛割爱,慷慨地把这方好砚赠给了友人。还有一次,启功先生向著名古文字学家容庚先生借他所藏杨西亭临摹的宋元明古画袖珍小册鉴赏,容庚答应赠送给他。容庚回去后找出此册,耽玩再三,心有不舍,但仍恪遵诺言,决然寄赠启功先生。让容庚没想到的是,启先生收到画册之后,临摹一过,仍将原物璧还,还奉诗一首,令容庚大为感动,成为一段佳话。

年轻时的启功先生在辅仁大学结识了台静农先生,后虽分散多年,但启功先生总是记挂着这位意气相投的老友。20 世纪 80 年代后,海峡两岸的民间交流日益增多,启功先生托在香港的朋友辗转打听到台静农的消息,并设法把自己的诗集送到台先生手中,以诉离别四十多年来的思念之情。当他收到台先生亲自临写的苏东坡两首黄州寒食诗时,视其为“比故宫藏品还珍贵

---

①转引自侯刚:《启功(画传)》,180 页,北京:文物出版社,2003 年 12 月版。

的礼物”，立即托人装成手卷并在卷尾题写跋文珍藏起来。1990年春，当启功先生得知台先生病体沉重的消息之后，十分挂怀，经多方努力，终于在朋友的帮助下，在香港与病中的台先生通了一次电话，嘱其一定保重身体。半年之后，台先生在台北逝世，启功先生为其亲笔书写挽联并通过香港传真给台先生的亲人："河岳日星风期无忝，文章翰墨师友平生。”足见其对友情的珍视程度。

对待身份平常的友人，启功先生同样奉为上宾，为解决他们的困难倾尽心力。有一次，中华书局的一位老先生病重住院要动手术。手术前家人为感谢医生，需要启功先生的两幅字以赠送。启功先生闻言，当即写了，派人送去。谁知天有不测风云，手术前一天，又换成另外两位医生，家人惶惧。启功先生得知后，当即连书四幅，为了应急而亲自送去，老先生见到启功先生后，握着启功先生的手，说不出话来，只是哭。先生对友人之真情，由此略见一斑。

赵朴初、钟敬文、张岱年、张中行、牟润孙、容庚……启功先生的挚友名录里写满了这样的名字。他视友情为瑰宝，朋友们亦毫无保留地视他为知己。先生的一生，就这样在友情的润泽中闪光，有一种纯净、真挚、热烈的美。

五、人格风范：能与诸贤齐品目，不将世故系情怀

启功先生是一位当之无愧的“名人”，而在我心中，他亦是一位几近完美的“完人”。在到了必须对自己的言行负责的年纪之后，我从来没有崇拜过任何人，但我从不讳言对先生的崇拜。我崇拜他，不仅是因为他那卓尔不群、隽永洒脱的书画，那无所不容、博大精深的学问，更是因为他特有的人格魅力：谦和慈祥、悲天悯人、淡泊名利、虚怀若谷、包容无际。当我思念启功先生的时候，我首先想起的不是他的学问或书画，而恰恰是他令人叹服的为人。先生是乐观豁达的——淡泊悠远，包容无际。几十年的风云变幻，他历尽坎坷，饱尝忧患，其间的委屈与苦难是旁人所难以想象的。可是，他却能够超然对待人世间的荣辱冷暖，始终保持着自信、自爱和自尊，保持着一颗乐观辽远的赤子之心。他以喜欢笑而闻名，一张慈眉善目的脸上，总是如同弥勒佛一般堆满了笑意，单纯而包容。

在“文革”的荒唐岁月里，先生刚刚摘掉右派的帽子不久，又被打为“准牛鬼蛇神”，一天到晚不断地接受审查，接受集中学习和劳动改造，家中也被查封。老伴和亲人都为他的精神状况而担心，但他却一如既往地微笑：“你们放心，我事情忙着呢，没时间琢磨自杀！”安慰完亲人，他大笔一挥，洒脱地为自己的境遇写

了一副对联:“草屋八九间,三径陶潜,有酒有鸡真富庶;梨桃数百树,小园庾信,何功何德滥吹嘘。”当然,这里所说的八九间是有双关意义的,暗喻自己当时排列在“地富反坏右”和“知识分子”这第八、第九等人之间。

“经历了这么多,你为什么还这么乐观?”我曾像很多人一样,好奇地问过启功先生。他答道:“我从不温习烦恼。人的一生之中,过去的就是过去了,现在很短暂,很快也会变成过去,只有将来是有希望的。”先生提倡向前看,这是看似浅显却很难做到的真智慧,然而,先生确是真正地做到了。先生曾以著名画家田世光得病之后郁闷致死的事情为例,劝告一位内向的朋友“遇见事情要想得开”,并举自己为证:“像我这样的就没事,上了医院,大夫说别动,别动!给你输液!我说输什么液呀,人家还要请我吃羊肉泡馍呢!所以,我就没事,他们就不行!”

提到上医院,我又不由得想起了先生著名的“两不怕”:一不怕病,二不怕死。先生晚年,体弱多病,成了医院里的“常客”,有几次医院都下了病危通知单,家人和亲友都在为他担心。可他本人却像没事人一样,竟然有心情在病床上吟诗作赋。生病为他排除了很多干扰,给了他充裕的写作时间,也给他创造了丰富的灵感。翻开他的诗集,可以看到很多的“病”诗“病”词,像什么《沁园春·美尼尔氏综合症》《颈部牵引》《千秋月·就医》《南乡子·因病住医院时所见》《南乡子·颈架》《心痛》《痼疾》，等等。1973年，他在住院期间，一口气以《就医》为题填了六首词，似乎把生病住院当成了一件乐事。先生有心脏病和颈椎病，这本是很痛苦、很危险的，他却用“上吊”来自嘲：“七节颈椎生刺，六斤铁饼拴牢。长绳牵系两三条。头上几根活套。虽不轻松愉快，略同锻炼晨操。《洗冤录》里每篇瞧。不见这般上吊。”[①]还有一次体检时验血，护士拿着装有他血液的试管不停地摇晃，启功先生不解地问她原因。护士回答：“您老人家的血太稠啦，不摇晃很快就会凝固的，今后您要少吃肉啊！”此时，赵朴初老先生也来此抽血化验，赵朴老颇为感叹地说：“我吃了一辈子素，现在也是血脂高……”这下可让启功先生抓住“反驳”的理由了：“你看，我说一定和吃肉没什么关系嘛！”逗得赵朴老和护士们忍俊不禁。先生的无所畏惧，缘于看淡生死、不计名利，缘于性格的洒脱和心胸的豁达。“宠辱无惊希正鹄”，“何必牢骚常满腹”，这是他一生对自己的要求，也是规劝世人的殷殷期望。

除了对自己的人生际遇抱以一种达观的态度，对于别人的所作所为，启功先生一样地给予最大限度的理解和包容。他在书画界素有“不打假”的称号，甚至传闻连市面上专营假字画的

---

①启功：《西江月》，《启功韵语》，32页，北京：北京师范大学出版社，1996年6月版。

老妇都敢当面“褒扬”他:“这个老头好,这个老头不捣乱。”事实确也如此,如果别人造假只是为了糊口,他就会说:“这些假字都是些穷困之人因生活所迫,寻到的一种谋生手段,我一打假,也把他们的饭碗打碎啦!我为什么要这样做?”他还撰文称赞明代文征明、唐寅等人的美德,说当时有人伪造他们的书画,他们不但不加追究,反而在赝品上题字,让穷朋友多卖几个钱。这样,那些穷苦小名家可以多得几吊钱维持一段生活,而有钱人买了真题假画,损失也立即大大减小。这种观念虽然不符合保护知识产权的现代观念,却体现了启功先生一贯的豁达情怀。

我知道有一位先生,当年随着“反右派”的批判大潮,参加了多次批斗启功先生的活动,下手不可谓不狠。风潮平息后,他出于自责处处躲着先生。当后来再见面时,还未等他“深刻反省”,启功先生就忙着安慰他,替他开脱:“陈年老事别放在心上,那个时候就好比在演戏,让你唱诸葛亮,我唱马谡,戏演完了就过去了。”开阔的胸襟,竟至于此,令闻者无不动容。

先生自是宽容豁达的,但这并不意味着没有原则。他从不随波逐流、随声附和,在原则问题上,他是一点儿也不含糊的。他要较起真来,谁也奈何不得。我就曾几次亲见过他较真的情形。比如,他对有人假冒他的书法表现得很超然,然而当他发现有人冒用他的名义进行古书画鉴定,并在赝品上以他的名字题字落款时，却非常气愤，公开声明："从今以后，启功不再为任何个人鉴定字画真伪，不再为任何个人收藏的古字画题签。"声明发表后，启功先生的许多朋友都不相信他能做到，因为他们知道启功先生为人随和，好说话。可是先生真的是说到做到了，留下文物鉴定界的一则佳话。

启功先生的法书名满天下，求字的人趋之若鹜。菩萨心肠的启功先生很少拒绝别人，几乎有求必应。不过碰上话不投机的，即使对方位高权重，或者许以重金，启功先生也不肯假以辞色。有一则流传很广的笑话：一次，一位自称某空军首长秘书的人替首长索字，态度骄横，立等取走。启功先生缓缓问道："我今天要是不写，你们首长会不会派飞机来炸我？"秘书没想到他会问这个问题，连忙答道："那当然不会。"启功先生说："那我就放心了。你们走吧。"

先生是至真至纯的——不沾世故，童心永驻。参加过启功先生遗体告别仪式的人都记得这样一幕：长长的吊唁队伍里，一个大学生模样的女孩神情凝重地随人流向前挪动着，她的怀里，始终抱着一只憨态可掬的玩具熊。"这是给启爷爷的！"谁问起，她都只说这么一句。终于站在启爷爷面前了，女孩含着泪，将那只带着体温的小熊慢慢地、慢慢地送到老人家身边……

"这是送给启爷爷的！"不知多少次，这样的童音曾在启功先生的坚净居里朗朗响起，换来老人家如孩童般开心的笑颜。启功先生喜欢孩子，喜欢小动物，也喜欢像孩子一样天真可爱的玩具。

他狭小的书房中有两个柜子，上下两层，装得满满当当，全部是各式各样的绒布玩具。大熊猫、小巴狗、大娃娃……各有各的形态，或站着，或坐着，或乖巧温顺地趴着。还有一些个头特别大的，玻璃柜里放不下，就摆在框子外面的高台上，甚至堆在宣纸堆上。不仅如此，就连墙上也挂着一张跟玩具有关的照片——鹤发童颜的启功先生开怀地笑着，眼睛眯成两弯月牙，怀里分明抱着一只胖胖的、巨大的毛绒玩具！这些玩具大多是学生们送的。启功先生一生清廉，从不肯收学生的礼物，但是对于这些可爱的动物玩具，他却没有多少“抵抗力”。慢慢地，知道这个“秘密”的人多了，也就有越来越多的学生抱着“小狗”“小猫”来看望启功老师了。

除了小动物和毛绒玩具，先生还喜欢收集一些造型别致的小物件，并在把玩之余，为每件器物都撰写了趣味盎然的铭文。一只石镇纸、一块竹根印，甚至一根寸步不离的木拐杖，都在他的笔下栩栩如生地“活”了起来。先生有一只非常珍爱的小铜骆驼镇纸，他在铭文里写道：“镇纸小铜骆驼。数年朝夕摩挲。静伏金光满室，助吾含笑高歌。小铜骆驼购于日本鸠居堂已数年矣，日伏纸上助我学书，因颜斗室曰小铜驼馆。”[①]一片孩童爱物般的浓浓情愫跃然纸上，令人开怀。

启功先生也爱跟孩子们相处。一旦见到孩子，他的眼神就因为慈爱而显得更加柔和了，甚至“手舞之，足蹈之”，仿佛自己也变成了小顽童。他不是摸摸孩子的头，就是抱起孩子亲，再就是弹小脑壳儿。孩子叫他一声“爷爷”，他就高兴得闭不上嘴，有时把孩子逗哭了，他也咧着嘴笑个没完，高兴得不得了。他说：“听小孩哭或笑，就是听一首诗，一首歌，这是最美的音乐。”

先生喜爱小动物、小孩子，这种喜爱的背后，隐藏的是一颗永驻的童心，是毕生对于“真”“善”“简单”的执着追求。

先生是乐于奉献的——爱国爱民，心怀天下。作为一位在国内外享有盛誉的社会活动家，先生以卓然不群的才能、高洁正直的人格和对国家无私奉献的精神，赢得了社会各界的敬重和爱戴。

他对国家和民族抱有一颗热诚的赤子之心。他曾经担任过九三学社中央常委、宣传部副部长，九三学社中央参议委员会副主任、顾问，全国政协常委，国家博物馆顾问，北京市民族事务委员会副主任，北京市人民对外友好协会副会长等职务，以饱满的

---

①启功：《小铜骆驼镇纸（补录）》，《启功赘语》，60页，北京：北京师范大学出版社，1999年7月版。

热情、认真负责的态度，参政议政，参加各种社会活动，为实现祖国统一大业和中外友好合作，奔走往来于友邻国家和港澳地区。先生还曾多次应邀赴日本、新加坡、韩国等国参观访问，举办书画展和进行学术交流；应美国大都会博物馆邀请，出席学术会议和鉴定古书画；赴英国、法国考察博物馆，为传播中华传统文化作出了突出贡献。

他还以一颗博爱之心、忧世之心，密切关怀着国家的发展建设，关注着人民的生活疾苦。1983 年秋，中共中央统战部和各民主党派组织一批专家支援西部地区的文化建设，启功先生时已年过七十，仍不辞辛苦，报名参加，先后到内蒙古、宁夏、甘肃、青海、新疆等地讲学，为西部地区的教育事业献出一片爱心。

1991 年夏天，我国部分地区发生了特大洪涝灾害。当启功先生得知消息后，立即从写字的收入中拿出 1 万元，送到国家减灾委员会救灾捐赠接收办公室。随后，中国书法家协会也举办书法家赈灾义卖活动，那时已进入 8 月连续高温的暑期，启功先生不顾酷暑，亲自送去两件书法作品参加义卖，售出 1 万元。接着他又参加了荣宝斋的义卖活动，精心创作朱、墨竹各一幅，售出 2.4 万元。他又亲临中央文史馆举办的赈灾义卖展现场，当场挥毫写下："立民族志，先天下忧，沉灾共淡，风雨同舟，解囊之士，爱国之俦。"他的这幅作品连同他挂在展厅上的其他四幅作品当即被人收购，得到救灾款 2.8 万元。8 月下旬，全国政协又举办赈灾捐献活动，他又送去两件作品，其中一件是在他保存多年的黄绫上书写的，换得善款 2 万元。这年，启功先生先后捐款近 10 万元。他说："我们做了自己应该做的事。真是'一方有难，八方支援'。这是我们中华民族的传统美德，多难兴邦，这次洪涝灾害让我们经受了考验。"

1980 年，北师大中文系党总支决定为启功先生调整工资。启功先生得知后，除当面向系领导表示拒绝外，又专门给党总支和系领导写信，书面陈述自己的意见，恳切希望把机会让给其他更需要的同志。他在信中写道：

1.我得到党和国家的鼓励已经太多了，我自己生活上没有更多的需要，再多即是浪费了。

2.现在名额分配在我所在的这一层人员，实际负担比我大，而能力比我高、工作比我努力的同志确实不少，处理必费周折，腾出一额多一回旋余地。

3.我不是只表"不要"，只求"缓给"，我确实相信今后国民经济一定很快增加，下次调整，为期不远，两三年后争取学习改造工作贡献有所进展，那时再调，岂不心安。[①]

改革开放后，很多贫寒的学生考入北师大，生活相当困难，启功先生得知后十分焦虑，决心用自己的力量帮助他们，便于1990年在香港举办书画义卖，筹集资金160余万元，设立"励耘奖学助学基金"，激励学生继承和发扬陈垣先生的爱国主义思想及辛勤耕耘、严谨治学、奖掖后学的精神。

2001年9月，全国第一个大学"宏志班"——北师大励耘实验班举行开学典礼。启功先生将自己所得的"中国书法艺术终身成就奖"8万元奖金悉数捐出，资助30名品学兼优而家境贫寒的学子完成学业。在此之前，先生还曾捐过3万元在河北省建希望小学，捐出2万元资助山里孩子在学校吃午饭。执教70年的启功先生，究竟为贫困生付出了多少？在这样的疑问面前，他总是淡然地摆摆手说："记不清了。"

先生是虚怀若谷的——谦虚和顺，不图虚名。他的一件逸事被很多人津津乐道：1995年11月的一天，启功先生新著《汉语现象论丛》学术研讨会在北京师范大学英东学术会堂举行。数

①启功：《致刘漢》，《启功书信选》，33页，北京：北京师范大学出版社，2008年7月版。

十位语言学、文字学界学者会聚一堂，对这部新颖透彻、眼光独到的著作给予高度肯定。讨论结束前，一直正襟危坐、凝神倾听的启功先生站起来，准备讲话。大家都屏住呼吸，静听着他会说些什么。只见先生微躬身子，表情认真地说：

“我内侄的孩子小的时候，他的一个同学常常跟他一块儿上家来玩。有时我嫌他们闹，就跟他们说：你们出去玩吧，乖，啊……如此几次，终于有一天，我听见他俩出去，那个孩子边下楼边很有些不解地问：那个老头儿老说我们乖，我们哪儿乖啊？今天上午听了各位的发言，给我的感觉我就像那小孩，我不禁要自问一声：我哪儿乖啊？”

听完这“卒章显其志”的最后一句，静静的会场里突然爆发出一阵欢笑，响起热烈的掌声。

一则故事，一段比兴，传达了谦虚，暗合了感谢，表现出风趣与幽默。这正是启功先生为人们所津津乐道的语言艺术和谦和品质。

启功先生身上笼罩了太多的光环，但是他从来没有流露过一丝一毫的傲气。一位平易慈爱、礼数周全的老人，这是先生给每位来访者留下的最深印象。家里来了客人，不管身份尊卑、年龄大小，先生总要亲自开门，并按照老北京的礼数，连连鞠躬作揖，口称“欢迎”。客人告辞时，先生只要身体允许，总会坚持送客到门口,热情地嘱咐“慢走,路上小心”。他在北师大常做演讲,有一次因为听众太多而导致座位紧张,很多人宁愿站着也要听完全场。先生看到后,执意也要站着讲课,说这是“起码的尊敬”,令听众们感动不已。

启功先生写起诗词和学术著作来,也与他的为人一样没有架子,一样“老实交代”。他曾留下大量这样风格的诗词:

> 检点平生,往日全非,百事无聊。计幼时孤露,中年坎坷,如今渐老,幻想俱抛。半世生涯,教书卖画,不过闲吹乞食箫。谁似我,真有名无实,饭桶脓包。
>
> 偶然弄些蹊跷。像博学多闻见解超。笑左翻右找,东拼西凑,繁繁琐琐,絮絮叨叨。这样文章,人人会作,惭愧篇篇稿费高。从此后,定收摊歇业,再不胡抄。(末三句一作“收拾起,一孤堆拉杂,敬待摧烧。”)①

他向读者“招认”,“这些语言,可以美其名曰‘诗’。比较恰当,实应算是‘胡说’。”并且解嘲曰:“我们这族人在古代曾被广

---

①启功:《沁园春·自叙》,《启功韵语》,25页,北京:北京师范大学出版社,1996年6月版。

义地称为‘胡人’,那么胡人后裔所说,当然不愧为胡说。即使特别优待称之为诗,也只是胡说的诗。”①——这是谦虚,还是坦白,我不知道。但启功先生不愿让别人把自己摆上“神坛”远远地朝拜,而宁愿走下来和“追星族”们称兄道弟的心意还是显而易见的。

在《诗文声律论稿》等极具分量的学术著作里,先生也从不“掉书袋”,不用“之乎者也”来显示自己国学功底的高深,而是从头到尾采用了“白得不能再白”的大白话。读他的书,就如同与一个忘年交在面对面讨论问题,不必正襟危坐,不必洗耳恭听,你尽可以毫不客气地责难,也可以用最放松的姿势会心一笑——因为作者本来就不是以学术权威的架势来教导人的。如果没有与读者平等交流的心态,这样的书是绝对写不出来的。

启功先生对世人所给予的评价很是达观,“开门撒手逐风飞,由人顶礼由人骂。”但是对于为他写作传记一事,他却是一直坚决反对。他曾自述:“自愧才庸无善恶,兢兢岂为计流芳。”他不图虚名,对于人们奉赠给他的这“家”那“家”,他一概不承认,只认定自己是一名教师。对于别人奉赠的“大熊猫”雅号,他“拱

①启功:《启功韵语·自序》,《启功韵语》,1页,北京:北京师范大学出版社,1996年6月版。

手奉还”:“我还有自知之明,哪敢自称国宝呢?”

先生是幽默风趣的——惯于自嘲,诙谐精妙。先生的幽默不是“贫”,不是故作惊人地“耍嘴皮子”,而是其内在的文化教养、性格内涵等各方面综合的结晶,是一种也许要修炼一辈子才能逐渐达到的思想和精神境界。他言谈风趣,应对机敏,出语幽默,喜开玩笑,凡与他谈话的人无不感到是一种享受,无不为他的人格魅力所倾倒。

先生的幽默体现在诗文中。他的《自撰墓志铭》一直为人们所津津乐道:“中学生,副教授。博不精,专不透。名虽扬,实不够。高不成,低不就。瘫趋左,派曾右。面微圆,皮欠厚。妻已亡,并无后。丧犹新,病照旧。六十六,非不寿。八宝山,渐相凑。计平生,谥曰陋。身与名,一齐臭。”

而别具特色的《鹧鸪天八首·乘公共汽车》更是将日常生活中的小片断描写得惟妙惟肖,不动声色地“幽了生活一默”:“乘客纷纷一字排,巴头探脑费疑猜。东西南北车多少,不靠咱们这站台。坐不上,我活该。愿知究竟几时来。有人说得真精确,零点之前总会开。”

先生的幽默更体现在生活中,体现在日常的一言一行中。几十年来,他对待声名、职位、生死一直都是这样诙谐。他身体不是很好,常闹些不大不小的毛病。有几年因心脏病几次住院,他就笑对人说:“嗨,我的心坏了坏了的!”中国残疾人福利基金会请他担任名誉理事,他却嚷嚷着要加入“中国残联”。也正是因为能如此豁达对待生死,所以每当有人问起先生的健康,他总笑答:“我鸟呼了。”常称自己是“鸟呼之人”(意只比旧式悼文中“乌呼哀哉”的“乌呼”多一点儿,到少了那一点儿也就“乌呼”了)。

一个人对于生死能如此豁达,对于名位权势就更不会放在心上了。论名分,他是最早一批“博导”,货真价实,但他始终不当回事,每每谈及,他总是说:“我不知道什么‘博导’,只知道‘果导’(治便秘的一种药)。”又说:“我不是‘博导’,是‘拨倒’,一拨就倒,一驳就倒。”论“权位”,1999年,他被任命为中央文史馆研究馆长,人家告诉他这是“部级”,先生就故意打岔说:“不急(与‘部级’谐音),我真不急!”实际上在此之前,启功先生并未享受什么职务待遇;直到2000年之后,才享受了“副部级待遇”,可启功先生对什么级别、什么待遇从来都毫不在乎。什么“部级”“局级”,他是一点都“不急”。有一次,我听见他打电话,那头说话人称他“馆长”,他颇不高兴,说:“我是饭馆馆长,不,饭馆馆长也不是,做不了。”

启功先生是书法大师,也是中国书法家协会的创始者,并长期担任副主席、主席、名誉主席职务。在中国书法界,中国书法家协会是一个崇高的机构,多少人打破脑袋想往里挤,可是他却

先生手书“读书身健方为福”

劝自己的学生不要钻进这个“名利场”，还是留在大学安心教学、做学问；中国书协主席更是一个万众瞩目的职位，非德高望重者不能服众，可他却视之为“茅坑”，上任也好，卸任也罢，都以一颗平常心待之。1984 年，他当选中国书法家协会主席，别人向他祝贺，但他告诉别人的感觉却是：“书协主席这个茅坑可不好蹲，谁蹲那儿谁拉屎费劲，有时还硬是拉不出屎来。”几年之后，幸得卸任，他特别高兴，对人说：“我这书协主席的帽子终于可以摘了。”当人家追问“谁是接班人”时，他反问人家：“你蹲茅坑拉完了屎干什么呀？”在得到“擦屁股走人”的回答后，他笑着说：“这不结了？您总不至于蹲完坑站在一边守着，看谁在您这坑位上再蹲下才走人吧？爱谁谁了，反正我不蹲了！”一番笑谈，把先生对于名利的态度表现得淋漓尽致。不说老先生视名利如粪土吧，至少他不把名利放在眼里，有也好，无也罢，与我何干？他还曾经写过一幅“鹅”字，后来得知这幅字卖出了 1000 元的高价，从此就给自己冠以“一讹千金”的“美名”。

从先生的幽默里，我们看出的不仅是机智，更是人格，是一种真正把自己放得很低很低、时刻不忘“谦虚谨慎”的超然人生态度。先生之风，山高水长！

关于启功先生的种种，道不尽、说不完。先生走了，留给我们的却是受用不尽的精神财富与人生启迪。在结束本文的时候，掩卷长思，脑海中未及倾吐的还有很多很多：我想起了先生用以自勉的那段古砚铭文："一拳之石取其坚，一勺之水取其净"；我想起了先生将自己的书房命名为"坚净居"，且自号"坚净翁"；我想起先生晚年蹒跚的脚步和依旧温暖的笑容；想起先生曾在里面度过人生最后岁月的红砖小楼……

诗书出于天成，操行守于坚净。这就是我们的启功先生，透过他的人生，我们看到的是一位德才超群、堪称楷模的仁者和智者。

（2007年初稿，2020年5月10日修改定稿）

编后记

2020 年 6 月 30 日，是敬爱的启功先生逝世 15 周年纪念日。

我决定出一本小书，以此表达对先生的缅怀之情。

把历年所写有关先生的文章收集起来，筛选一过，留下的不过是一本薄薄的小册子。字数不多，但是在编选过程中还是颇费了一番周折。

首先是收集的不易。从 1993 年 6 月，我写下第一篇启功先生访问记开始，到 2020 年 5 月，时间跨度长达 27 年。我是一个不爱保存资料的人，把 27 年的文字收集起来，难度是显而易见的。

其次是筛选的不易。“文章是自己的好。”尽管自知水平有限，但是自己的文章就像自己的孩子一样，别管长得多么寒碜，还是怎么看怎么亲。删掉哪一篇都要一咬牙一跺脚。

第三是编辑的不易。这也分三层来叙述。其一，本来以为把已经发表过的文章收集成书,是一件比较简单的事情。殊不知真做起来,才发现没想象中的那么简单。如果仅仅是把旧文收集在一起,那当然很简单。可是这样的一本书除了留个纪念而外,委实意义不大。经与责编商量,我把本书的主题确定为"仁者启功",围绕这个主题筛选、编排文章。其二,在梳理文章时我发现,早期的一些文章,或囿于本人见识,或由于资料阙如,依现在眼光来看,总有那么一点让人不满足的地方。在保持文章总体面貌不变的前提下,对一些文字予以适当修订。其中中篇纪实文学《仁者启功》则根据新的资料作了较大幅度的修订。其三,多数文章的引文没有注明出处,有的也仅是采取文中夹注的方式简单标注,显得很不严谨。在编辑过程中,我查阅了大量资料,核对了每一处引文。凡是引用启功先生本人的诗文都注明出处,有不同版本的也一并注明;涉及启功先生的重要引文力求全部注明出处,如无第一手资料,也要注明转引自何处;还有一些评价性的引文,未能查明出处,只能留待以后补正。这项工作难度很大,费时费力,但是本着对读者负责的态度,我还是努力做好。

需要说明的是,由于写作时间跨度长达将近三十年,一些素材在不同的文章中被多次引用,结集成书后未免有重复之感。在不伤害文意的前提下,对相同素材尽可能地做了删减或省略,有的重合度较高的则整篇整章删除。由于时间关系，有关论文和文章未及收入，期待再版时可以补充进来。

在本书写作和成书过程中，赵仁珪先生、章景怀先生、卫兵先生、王斯敏女士等给予了大力支持，在此谨致谢忱。

感谢黄山书社诸位同仁特别是刘莉萍女史的辛勤劳动！

徐　可

二〇二〇年五月三十日

北京芍药居

图书在版编目(CIP)数据

仁者启功 / 徐可著. —合肥:黄山书社, 2020.12
(回望丛书)
ISBN 978-7-5461-9528-5

Ⅰ.①仁… Ⅱ.①徐… Ⅲ.①启功(1912–2005)–生平事迹 Ⅳ.①K825.72

中国版本图书馆 CIP 数据核字(2021)第 007156 号

仁 者 启 功
RENZHE QIGONG

徐 可 著

出 品 人 贾兴权
责任编辑 刘莉萍
责任印制 李 磊
封面设计 私书坊 _刘俊 张俊香
出版发行 时代出版传媒股份有限公司(http://www.press-mart.com)
黄山书社(http://www.hspress.cn)
地址邮编 安徽省合肥市蜀山区翡翠路 1118 号出版传媒广场 7 层 230071
印 刷 安徽联众印刷有限公司
版 次 2021 年 4 月第 1 版
印 次 2021 年 4 月第 1 次印刷
开 本 880 mm × 1230 mm 1/32
字 数 200 千字
印 张 10.5
书 号 ISBN 978-7-5461-9528-5
定 价 39.00 元

服务热线 0551-63533706
销售热线 0551-63533761
官方直营书店(http://hsssbook.taobao.com)